Contents

REPORT ファンタジー・オン・アイス 2023

交響する才能

国内外のトップスケーターとアーティストとの共演が
大きな魅力となっているファンタジー・オン・アイス。
2023年のツアーが5月26日から1ヵ月にわたり、
幕張、宮城、新潟、神戸の4都市で開催された。
羽生結弦、ランビエル、荒川静香、パパダキス＆シゼロンらが
幻想的な空間で繰り広げた珠玉のパフォーマンスをはじめ、
最後のツアーとなったジョニー・ウィアーの今をお伝えします。

協力：株式会社CIC

羽生結弦×ISSA with KIMI「if...」(幕張公演)
©Nobuaki Tanaka / Fantasy on Ice 2023

羽生結弦×ISSA with KIMI「if...」（宮城公演）
©Nobuaki Tanaka / Fantasy on Ice 2023

ステファン・ランビエル「SIMPLE SONG」(幕張公演)
©Nobuaki Tanaka / Fantasy on Ice 2023

ジョニー・ウィアー「Creep」(宮城公演)
©Nobuaki Tanaka / Fantasy on Ice 2023

荒川静香「I'd Give My Life for You」(宮城公演) ©Nobuaki Tanaka / Fantasy on Ice 2023

Fantasy on

田中刑事×ISSA「All My Love To You」(幕張公演)

友野一希×ISSA「紡 -TSUMUGI-」(幕張公演)

荒川静香×福原みほ「Broken Heart」
(幕張公演)

AiRY JAPAN with BLUE
TOKYO×FaOI Special
Band「Majestic Shadow」
(幕張公演)

ライラ・フィアー＆ルイス・ギブソン×夏川りみ
「'S wonderful」(幕張公演)

織田信成×夏川りみ「涙そうそう」(宮城公演)

アンサンブルスケーター×福原みほ「Lady Marmalade」（宮城公演）

山本草太「Teeth」（幕張公演）

三原舞依×夏川りみ「花」（幕張公演）

羽生結弦とハビエル・フェルナンデス。オープニングにて（宮城公演）

ガブリエラ・パパダキス＆ギヨーム・シゼロン「In Line」（幕張公演）

5月26日、ファンタジー・オン・アイス（FaOI）2023のツアーが今年も幕張イベントホールからスタートした。国内外のトップスケーターとさまざまなジャンルのアーティストとのコラボレーションをはじめ、アクロバットやエアリアルなど、ここでしか見られない演目がずらりと並んだエンターテインメント・ショー。昨年3年ぶりに復活、今年は観客の歓声も戻り、待望の完全復活を遂げた。

ツアー前半の幕張、宮城公演のアーティストは、人気ダンスボーカルグループDA PUMPのISSAとKIMI、夏川りみ、福原みほ。おなじみのオープニングテーマに続いて、第1部は福原みほのポップでパワフルな魅力全開の「ライジング・ハート」で幕を開けた。トップを飾ったのは山本草太の「Teeth」。ワイルドなロックナンバーに乗って、強さとしなやかさが交差する演技で観客の目を釘付けにした。続いてスーツ姿で登場した友野一希は、人気ナンバー「Bills」で華麗なトリプルアクセルを決め、会場を沸かせる。初出演の2人は、それぞれの個性を強みに、ショーに新しい風を吹き込んだ。

FaOIスペシャルバンド（音楽監督・ギター／鳥山雄司、ヴァイオリン／NAOTO、キーボード／宮崎裕介）の幻想的な演奏が鳴り響くなか、暗闇に巨大な彫像のようなシルエットが浮かび上が

る。今年から導入された可動ステージに乗って現れたのは、AiRY JAPAN with BLUE TOKYO。エアリアルと新体操が融合した躍動感あふれるパフォーマンスが新鮮な驚きを与えた。

織田信成のポップな「I'm still standing」に続いて、このツアーを最後に、プロスケーターを引退するジョニー・ウィアーが登場した。曲は「Creep」。ファンに人気も高く、ジョニー自身も大好きな曲だ。FaOIでも初演以来何度も披露してきたが、今回はオーロラに輝く衣装に身をつつんで、氷上に舞った。

しみじみとした余韻が残るなか、2人目のアーティスト、夏川りみがステージに現われた。三原舞依が「花」で癒しの舞を披露し、初登場のフィアー＆ギブソンが「'S Wonderful」でフレッシュな魅力をふりまいた。

プロスケーターとコーチの二刀流を貫く田中刑事は、躍動感あふれるソロナンバー「Run Boy Run」で会場を沸かせ、ハビエル・フェルナンデスは情感をこめて「PuraVida」を滑った。FaOIになくてはならないスケーターの1人、ステファン・ランビエルは、「マーラー交響曲第5番（アダージェット）」に乗って、格調高いパフォーマンスで観客をうならせた。

ここでオープニングを飾った福原みほが再び登場し、荒川静香と「Broken Heart」、パパダキス＆シゼロンと「I

Will Always Love You」でコラボレーション。オリンピックチャンピオンたちは、ラブバラードでそれぞれのストーリーを氷上に描いてみせた。

第2部はFaOIスペシャルバンドのインストルメンタル曲「Get over it」からスタート。2部でもトップバッターとして登場した山本草太は、今度は「Love Theme」を持ち前の伸びやかなスケーティングで感情をたっぷりのせて表現した。ジョニー・ウィアーのもうひとつのプログラムは「月の光」。プロスケーターとしての最後に選んだのは、ドビュッシーの名曲に乗って、スケーターとしての自らの旅路をたどる作品だった。

アンサンブル・スケーターと福原みほのコラボ「Lady Marmalade」に続いて、アイスダンス界の期待の星フィアー＆ギブソンが2022-2023シーズンのフリーダンス「Born This Way」で会場を沸かせた。

次に「踊るリッツの夜」を小粋に滑り始めたフェルナンデスだったが、千葉県東方沖で地震が発生、会場も震度3の揺れに見舞われ、演技が一時中断した。場内アナウンスで観客に随時情報提供が行われ、混乱は起きず、場内設備の点検後、10分後に演技は再開された。

毎回異なる顔で楽しませてくれる織田信成は、エイサーふうの衣装に身を包み、夏川りみの大ヒット曲「涙そうそう」を披露。心にしみいるやさしさあふ

れる演技から、三原舞依のテイラー・ス
ウィフト「Shake It Off」へ。愛くるしい
魅力に心が弾む。

　いよいよ3人目のアーティストISSA
が登場。初登場ながらコラボを任され
た友野一希は、「紡-TSUMUGI-」でせ
つなさがにじむ演技を見せ、田中刑事
は「All My Love To You」で優しい思
いをリンクから届けた。

　そして、今回のソロナンバーでもっと
も心をゆさぶる演技を選ぶとしたら、荒
川静香の「I'd Give My Life For
You」だろう。ミュージカル『ミス・サイ
ゴン』からのドラマティックなナンバー
を全身で表現する力量にひたすら脱帽
だった。

　ここで、3度目の出演となったアセベ
ド＆カンパが「Rocket Man」に乗って、
ダイナミックなフライングで楽しませる
と、いよいよショーはクライマックスへ。
ランビエルの2曲目は、韓国出身のオペ
ラ歌手スミ・ジョーの歌う「SIMPLE
SONG」。黒い衣裳で、ときにしなやかに、

ときに鋭く、細部まで研ぎ澄まされた動
きから目が離せない。ランビエルが名
優の1人芝居を見せたあと、パパダキス
＆シゼロンの新作「In Line」。フランス
映画の恋人たちの一コマを切り取った
ようなプログラムでテーブルを使った
ダイナミックな振付も目を引いた。

　そして、もちろん大トリは、羽生結弦
である。2022年7月19日に決意表明を
行い、新たな挑戦を始めたフィギュア
スケート界のカリスマが、プロスケー
ターとして、FaOIに初登場となった。
初の単独公演「プロローグ」、東京ドー
ム単独公演「GIFT」と驚くべきショー
のプロデュース・出演を果たしてきた羽
生だが、FaOIでは、やはりここでしか
披露できないパフォーマンスを届けて
くれた。

　曲はDA PUMPの代表曲「If...」。照
明が落ちたリンクに登場した羽生が、
暗闇のなかでキャメルスピンを回り始
めると、そこにスポットが当たる。音楽
とスピンがシンクロする演出が見事。

ISSAのパワフルなハイトーンボイスに、
KIMIのラップ。羽生はその一音たりと
も逃さない。軽やかな3回転ループを
アクセントに、軽快なステップで魅了し
た。ダンスに熱をこめて取り組んできた
今だからこその表現。最後には180度
開脚し、フィニッシュを決めた。

　フィナーレはDA PUMPの大ヒット
曲「U.S.A.」。出演スケーターたちは気
持ちよさそうに踊りまくり、観客もスケー
ターたちと一体となって楽しんだ。

　ショーの最後には、いつものように羽
生が「ありがとうございました！」とあい
さつ。そのあとマイクを受け取って、「地
震、怖かったと思います。まだまだ揺れ
ることがあると思いますが、気を付けて
帰ってください」と観客を気遣った。

＊

　なお幕張公演は5月28日まで、2019
年以来2度目となる宮城公演は6月2
日〜6月4日にセキスイハイムスーパー
アリーナで開催された。

取材・文：編集部　Text by World Figure Skating

Fantasy on Ice

後半ツアー（新潟・神戸）のトリを飾った
羽生結弦×中島美嘉のコラボレーション
「GLAMOROUS SKY」（神戸公演）
©Nobuaki Tanaka / Fantasy on Ice 2023

羽生結弦×中島美嘉「GLAMOROUS SKY」(新潟公演) ©Nobuaki Tanaka / Fantasy on Ice 2023

中島美嘉とのコラボレーション「GLAMOROUS SKY」を
滑り終え、アーティストを称える羽生結弦（新潟公演）
©Nobuaki Tanaka / Fantasy on Ice 2023

宮原知子×中島美嘉「ORION」(新潟公演) ©Nobuaki Tanaka / Fantasy on Ice 2023

三原舞依×中島美嘉「雪の華」(神戸公演) ©Nobuaki Tanaka / Fantasy on Ice 2023

ステファン・ランビエル×DEAN FUJIOKA「Sukima」(新潟公演)
©Nobuaki Tanaka / Fantasy on Ice 2023

田中刑事×DEAN FUJIOKA
「Apple（Pandora ver.）」（新潟公演）
©Nobuaki Tanaka / Fantasy on Ice 2023

宮原知子「Slave to the Music」
（新潟公演）

ハビエル・フェルナンデス
「Pura Vida」（新潟公演）

無良崇人×小林柊矢
「愛がなきゃ」（新潟公演）

ジョニー・ウィアー「月の光」（新潟公演）

東京都文京区西片 2-19-18
株式会社 新書館
ワールド・フィギュアスケート編集部
「**アイスショーの世界９**」係 行

便りなどご自由にお書きください。

● 「ワールド・フィギュアスケート」の読者ページに掲載 〈 可・不可 〉

● ご希望のプレゼント番号　詳細は95ページをご覧ください 〈　　　　　〉

ご提供いただいた個人情報は、プレゼントの発送および個人を識別できない統計的な資料を作成するために利用いたします。

トリックス」(神戸公演)

林柊矢
(新潟公演)

パイパー・ギレス＆ポール・ポワリエ
×中島美嘉「桜色舞うころ」(新潟公演)

4都市を巡るファンタジー・オン・アイス（FaOI）2023。ツアーの後半となる新潟公演が6月16日〜18日に朱鷺メッセで、神戸公演が6月23〜25日、ワールド記念ホールで開催された。出演アーティストは、中島美嘉、DEAN FUJIOKA、小林柊矢。ツアーの大千穐楽6月25日は、2010年のFaOIスタート時から連続出演してきたジョニー・ウィアーにとって、プロスケーターとして最後の日となった。

第1部のオープニングを飾ったのは、DEAN FUJIOKAの「History Maker」。世界的な人気を誇るフィギュアスケートアニメ「ユーリ!!! on Ice」のオープニングテーマとして、フィギュアスケートファンにはあまりにも有名なナンバーだ。イントロが流れると、会場のボルテージは一気に上がる。今年から採り入れられた可動ステージがリンクの中央まで移動し、DEAN FUJIOKAの歌声が全方位で滑るスケーターたちにエールを送っているようだ。羽生結弦をはじめ、まさにフィギュアスケートの歴史を作ってきたスケーターたちが氷上で躍動していた。

興奮さめやらぬなか、そのざわめきを切り裂いて、田中刑事の「Run Boy Run」から第1部がスタートした。三原

舞依の「Shake It Off」、AIRY JAPAN with BLUE TOKYOのエアリアルと新体操の演技に続いて、この日を最後に引退するジョニー・ウィアーが氷上に現われた。前日までのオーロラ色の衣裳ではなく、グリーンのタンクトップの練習着姿。「ありのままの自分を見てほしい」というジョニーの思いがこめられた演出だった。「Creep」を滑り終えると、感極まった表情で顔をおおった。

ここで2人目のアーティスト、小林柊矢が登場した。2018年以来の出演となった無良崇人が「愛がなきゃ」をさわやかに、デニス・ヴァシリエフスが「茶色のセーター」をメランコリックに表現。小林の歌声によって、2人の涼し気な魅力が増していた。

地元神戸の観客に大きな拍手で迎えられた坂本花織は、代表作「マトリックス」でパワフルな持ち味を全開させた。織田信成の「I'm Still Standing」に続いて、いよいよ3人目のアーティスト、中島美嘉が登場した。

宮原知子が名曲「ORION」を透明感あふれる滑りで表現し、FaOI初登場のパイパー・ギレス＆ポール・ポワリエは「桜色舞うころ」で息の合ったダンスを踊ってみせた。

ハビエル・フェルナンデスの「Pura

Vida」、ステファン・ランビエルの「SIMPLE SONG」に続いて、第1部はパパダキス＆シゼロンの「ROSES」で締めくくられた。

第2部はFaOIスペシャルバンドによる「Counter Attack」で開幕すると、アンサンブル・スケーターによる「Vivo Per Lei」へと続いた。今年のメンバーは、おなじみのフィリップ・ウォレン、クレモン・ピネル、ソフィア・スフォルツァをはじめ、アナスタシア・アルフィポワ、アナスタシア・ガルスティアン、アンゲリーナ・クチュヴァルスカ、ミハイロ・メドゥニツィア、さらにアイスダンスのティファニー・ザゴールスキー＆ジョナサン・ゲレイロ、北京五輪エストニア代表のアレクサンドル・セレフコなどハイレベルな顔ぶれがそろった。

第1部でコラボを披露したデニス・ヴァシリエフスと無良崇人が、第2部ではそれぞれ「ハレルヤ」、「West Side Story」で個性を輝かせ、ミュージカルナンバーの流れのまま、ギレス＆ポワリエが2022-2023シーズンのフリーダンス「エビータ」のメドレーを披露した。

織田信成が、小林柊矢が歌う名曲「瞳をとじて」に乗って、情感をこめて舞うと、フェルナンデスは「踊るリッツの夜」の小粋なステップで魅了した。次

DEAN FUJIOKAが歌う「History Maker」がオープニングを飾った（新潟公演）©Nobuaki Tanaka / Fantasy on Ice 2023

に登場した宮原知子は、第1部の「ORION」から一転、ランビエルの蠱惑的なプログラム「Slave To The Music」を再現してみせ、観客をおおいに驚かせた。

そして、オープニングを飾ったDEAN FUJIOKAが再びステージに現われた。まず田中刑事と「Apple (Pandra Ver.)」で共演。

ミステリアスな雰囲気にあふれたプログラムが、見たことのない魅力を引き出していた。最後に田中がステージ上に駆けあがり、2人でフィニッシュポーズを決める演出も心憎い。曲の合間のトークでは、日本語だけでなく、グローバルな観客に向けて中国語や英語でもあいさつする気遣いが印象に残る。「終わってほしくない」とのコメントに、大きな拍手が沸き起こったが、それは、会場にいたすべての観客の声を代弁していた。そして、ランビエルとのコラボレーション「Sukima」が始まった。ランビエルは演技中、可動ステージで歌うDEANへの意識を絶えずもちながら演じており、充実したコラボレーションに満足した表情を見せていた。

アセベド＆カンパの「Rocket Man」をはさんで、とうとうジョニー・ウィアーの最後の演技が始まった。ありのまま

の自分を伝えた「Creep」とは一転、「月の光」ではアーティストとして自分らしさを表現した。動きの1つ1つに熱い思いがこめられ、魂の叫びが聞こえてきそうなパフォーマンスが終わると、会場はスタンディングオベーションが沸き起こった。あふれる涙はもう止まらなかった。上手のリンクサイドでは、「THANK YOU JOHNNY WE LOVE U」のバナーを掲げた仲間たちがジョニーを温かく迎えた。ジョニーは観客にあいさつし、リンクをあとにした。

そして、いよいよショーはクライマックスへ。パパダキス＆シゼロンが「In Line」でうならせると、中島美嘉が再び登場した。「雪の華」でパフォーマンスを披露したのは三原舞依だった。数多くのヒットナンバーのなかでも、たくさんの人々に愛されている名曲に乗って、三原はあふれる思いをていねいに氷上に重ねていった。

大トリを務める羽生結弦は、「GLAMOROUS SKY」でコラボレーション。この曲が主題歌だった中島美嘉の主演映画「NANA」をほうふつさせる赤と黒の衣裳に帽子で登場。中島の艶やかな歌声にときに導かれ、またときに戯れるように、「GLAMOROUS SKY」を全身全霊で披露した。7本の

ジャンプを盛り込んだ、じつに挑戦的なプログラムに観客は歓喜。鳴りやまない拍手と歓声のなか、フィナーレへ。中島美嘉の「STARS」に乗って、出演者たちが登場し、3時間を超える夢のような時間が幕を閉じた。

フィナーレが終わると、サプライズが待っていた。引退するジョニーのために、セレモニーが用意されていたのだ。あいさつしたあと、尊敬するスケーターとの別れに、氷に座り込んでしまった羽生を抱え上げるジョニー。最後にジョニーは「みなさんの健康、幸せであること、そして自分自身を信じてください。みなさんは本当に素晴らしい人たちです。ありがとうございます。愛しています」と感謝を述べた。

さらに、サプライズは続く。大きな白いバラの花束を持った羽生が現われると、「秋によせて (Otonal)」のメロディーが流れる。羽生がジョニーに贈る「秋によせて」をサプライズで披露したのだ。羽生は2018年から2019年にかけて同じ曲で滑っているが、この日はジョニーが滑った振付を捧げた。2010年のFaOIから絆を深めてきた2人。最後は、「ありがとう」と一緒にあいさつして、リンクをあとにした。

取材・文：編集部　Text by World Figure Skating

DEAN FUJIOKA
真壁喜久夫

やっとこの日がやって来た
「History Maker」たちとの奇跡の時間

ファンタジー・オン・アイス 2023 新潟・神戸公演に出演した DEAN FUJIOKA さんと、
真壁喜久夫プロデューサーによる特別対談が実現！
アニメ「ユーリ!!! on ICE」のテーマ曲「History Maker」が飾ったオープニングをはじめ、
ステファン・ランビエルや田中刑事との珠玉のコラボレーション、今回のショーについての思いを語っていただきました。

©Sunao Noto / Fantasy on Ice 2023

新潟公演の初日、オープニングを飾った「History Maker」
©Nobuaki Tanaka / Fantasy on Ice 2023

ファンタジー・オン・アイスに出演した **DEAN FUJIOKA** ©Nobuaki Tanaka / Fantasy on Ice 2023

Fantasy on Ice

主役はスケーターだけじゃない アーティストもこのショーの主役

DEAN FUJIOKA（以下DEAN） じつは真壁さんのご著書（『志 アイスショーに賭ける夢』）を読ませていただいたんです。

真壁 本当ですか。いやいや、それはちょっとお恥ずかしいですね。

DEAN 現場に入り、今日までに5公演パフォーマンスをしているなかで、直接スケーターの方たちと話をして、「ああ、ステファン（・ランビエル）はこういう人なんだ」とか、（田中）刑事さんもそうですし、何か積み上がってきたものがあったと感じています。ご著書を読ませていただいたことは、自分のパフォーマンスにおいても、積み上げの1

つとして、すごく参考になりましたし、1つのエネルギーをいただいたと思っています。

真壁 読んでいただきありがとうございます。じつは、いつもはスケーターたちに渡す練習用の音源をレコーディングする際に、事前にスタジオでアーティストの方にお会いするんですけれど、DEANさんにはお目にかかれていなかったんですね。

私が必ずその場でアーティストの方にいつも申し上げているのは、「みなさんが歌われるのがバックグラウンド・ミュージックだと勘違いなさらないでくださいね」ということ。どうしても最初は、メインはスケーターで、自分たちはBGMのようにとにかく歌えばいいんでしょ？ と思われているように、いつも感じているんですよ。だから、絶対にそれ

はそうじゃないということを、力強くそこでお伝えするんです。本番でみんな真剣になってくると、ぶつかり合いみたいなところがある。私は、主役はスケーターだけじゃない、アーティストも主役にならないと、このショーはいいショーにならないと思っています。そこだけは必ず最初に申し上げることにしています。

スケーターとアーティストのあいさつも、最初は会釈だったものが、やがて握手になり、最後はハグになる。それが私にとっては、スケーターとアーティストが完全に噛み合ってきた証拠。そうすると、お客さんがまた受ける反応も全然違ってくるんです。DEANさんには、そのことを事前にお伝えできていなかったんですが、実際の公演でおおいに盛り上げてくださっていて、うれしい限りです。

DEAN 正直、自分がどこまで踏み込んでいいのかという思いが最初はありましたね。もちろん音楽を通してベストを尽くす、かつ滑られているスケーターの方々にもっと気持ちよく滑ってもらおうと、すごくポジティブなスタートは切れたんですが、新潟を経て今日神戸の2日目をやってみて、初日といまだと全然自分の在り方が違いますね。それはやっぱり1人1人のスケーターの方からいただくインスピレーションだったり、コレオグラファーのデヴィッド（・ウィルソン）さんの存在だったり。今回最初にデヴィッドさんが自分の楽曲にどんな思いでコレオグラフをつけたかをすごく丁寧に説明してくださったんです。彼がいらっしゃった最初の2日間で、イニシエーションというか、自分のなかで何をすべきなのか、何ができるのか、いまはまだできないけれど、どこを目指したらいいのかというインスピレーションをいただいた。

今日、改めてオープニングで、なぜここで、たとえば、ジョニー（・ウィアー）さんがこういう動きをしているのかが明確にわかるようになってきました。最初はもちろん自分にとってはみなさん直接お会いするのは初めましての方ばかりだったので、どういうキャラクターの人で、どういうバックグラウンドで、いままでフィギュアスケートの世界でどういう経歴をお持ちの方なのかというのを、そこまではっきり認識せずにスタートしたわけですけど、ご一緒していくなかで1人1人の魅力や、真壁さんの本のお

DEAN FUJIOKA
©Nobuaki Tanaka / Fantasy on Ice 2023

かげで、それまでのファンタジー・オン・アイスが積み上げてきた歴史みたいなものをすごく感じることができました。

真壁 ありがとうございます。

DEAN そういう意味で、すべてが合致したという気持ちで今日のショーを終えられて、いま達成感をすごく感じながらここに座らせてもらっています。

真壁 やっぱり少しずつ噛み合ってきて、4公演目とか5公演目……まさに今日ですね。今日ぐらいがかなりいいんですよ。で、最高潮になると、残念なことに終わってしまう。いつもそんなパターンです。スケーターが名残惜しいと言ってくれる。ああ、これは成功の証だなと思っているんですけれども。

オープニングは「History Maker」しか考えられなかった

真壁 今回のオープニングにさせていただいた「History Maker」は、ご存じのとおり、アニメ「ユーリ!!! on ICE」のテーマ曲です。じつはファンタジー・オン・アイスでコラボの振付に協力いただいている宮本賢二さんがアニメのキャラクターが滑るプログラムの振付も担当したんですよ。ステファンはアニメに本人役で出ていて、私たちもいろいろとアニメにご協力させていただいています。アーティストとのコラボレーションは私が決めているのですが、それはインスピレーション頼りであって、どうなるかはやってみなきゃわからない。実を言うと、心のなかでいつも大丈夫かなと思ってはいるんですよ。今回もデヴィッドが振付をしているうちに、「『History Maker』はフィナーレのほうがいいんじゃないか」と言い出したんです。「最高の盛り上がりで大団円みたいに終わるから、『History Maker』は絶対にフィナーレだ」と。私はDEAN FUJIOKAさんの出演が決まったときに「『History Maker』は、オープニングだ」とアイディアが決まっていました。曲の長さも完璧だった。だから「申し訳ない。もう決めていることだから」と。私としてはオープニングで、いままでにないインパクトが与えられただろうなと思っています。放送当時からあの曲が頭に入っていたから、そのまま実現できて、本当によかったと思っています。

DEAN 当時、自分が「History Maker」

ステファン・ランビエルとのコラボレーション
「Sukima」©Nobuaki Tanaka / Fantasy on Ice 2023

田中刑事とのコラボレーション「Apple」。最後は田中がステージの上でポーズしてフィニッシュする演出に ©Nobuaki Tanaka / Fantasy on Ice 2023

を作ったときに、いつかこういうことができたらいいなと思っていた夢が、まさにいま叶っている。たぶんそれはみんなが思っていることだと思うんですよね。ステファンともそういう話をしましたし、ほかの関係者の方々とも「やっとこの日が来ましたね」と。だから、ファンタジー・オン・アイスというこの1つのムーヴメントのおかげで、自分を含め多くの人の願いが成就した感覚が、演目の中身とは別にしてあると思います。

真壁 そうやって、オープニングの「History Maker」は決まりました。それで、スケートに合う曲はどうかなとDEANさんの曲をたくさん聴かせていただいたんです。そこで「これだ」と思ったのが「Sukima」でした。では、もう1曲はどうするか？できるだけ最新のアルバムからがいいと思って選んだのが……

DEAN それが「Apple」。

真壁 「Apple」は、正直スケートで滑るのはかなり難しい曲ではないかと思ったんですけど、宮本賢二さんが振付して、むしろ田中刑事さんの新しい面が引き出せたような演技になって、結果としては非常に面白かった。すごくよかったと思っています。

DEAN そう言っていただけて、ぼくも光栄です。

── コラボしたステファン・ランビエルさん、田中刑事さんとはどんな感じで日々積み上げていかれたのでしょうか。

DEAN ステファンはたくさん質問を

してくれるんです。「今日素晴らしかった。君と一緒にやれて、本当に最高だよ」と毎回すごく紳士的に伝えてくれます。自分ももちろんそういう気持ちを彼に伝えると、そこからは質問大会みたいな感じです。そんななかで「ユーリ!!! on ICE」の話もしましたし、単純にもっと演目に関わってくるような……たとえば昨日まで、自分が「Sukima」を歌うときに、あれは動く島っていうんですか？

真壁 可動ステージですね。

DEAN みんな○ンバって呼んでいるから。それがフィギュア界の正式名称なのかと思っていました。(笑)

真壁 いやいや。(笑)あれは自動的に動くけど、こちらはリモートでコントロールしていますから。

DEAN 可動ステージの動くタイミングを今日から切り替えたんです。もとは自分が最後アウトロを歌っている最中に動き始めるのですが、そうすると歌唱的にも難しい。すごく繊細な終わり方をする曲なんですけど、やっぱりどうしてもステージがドッキングするときに振動が強く出る。そういう部分も加味して、また、演目としてよりよくなるために、自分が完全に歌い切ったあとに、ピアノとステファンの美しい幻想的な、ヨーロッパの昔話の妖精が踊っているようなアウトロじゃないですか。自分は歌い終わっていてもう何もすることがない。そこで静かに去ってゆくことにしたほうが、振動の問題以前に全体としてよくなるんじゃないか、と。そういうのもやっぱりステファンとの会話のなかで生まれてきたし、実際今日やってみて、しっくりきて、「これでよかったんだ」と思った。もちろん元々の振付との兼ね合いもあって、最初のかたちがあったと思うんですけど、そうやって日々みなさん細かいところを調整していると思うんです。

田中刑事さんとの「Apple」に関しても、明確に今日これまでと違ったなと感じました。それはもしかしたら、振付が変わったとかではなくて、彼のそこに懸ける覚悟とか、やっぱりディテイルに現われてくるものなのかもしれない。ぼくはフィギュアスケートの表現について、細かい部分はわかりませんが、単純に感じるものってあるじゃないですか。明確に今日何かとんでもないものが飛んできたという感じがした。歌っている最中もビシビシ感じたし、終わったときに全身鳥肌が立ったし。そういうのって

お互いを称え合うDEAN FUJIOKAと田中刑事
©Nobuaki Tanaka / Fantasy on Ice 2023

日々の積み重ねだと思うんですよね。田中刑事さんとはあまり長くおしゃべりはしないんですけど、必ずショーの前後で何か覚悟を伝えるというか……無言で、武将同士が契りを交わすみたいな。(笑)ステファンとはもっと言葉でコミュニケーションをたくさんして、スキンシップをして、という感じですが、田中刑事さんはどっちかと言うと、侍という感じ。目で魂の強さみたいなものが飛んでくるような印象を持っていますね。

真壁 振付の宮本賢二さんがいるから、最終的にステージに乗っかったり、ちょっとかたちを変えたり、そこは現場でできます。今日は照明もちょっと変わったし、日々そういう進化はあります。私はいつでも目を光らせていて、いい演技をしたときは「よかったね!」って言うんですけど、そうでもないときは無言で去ります。確かに今日の田中刑事さんはとてもよかったと思います。

DEAN 会場の反応の早さも自分が鳥肌が立った1つの要因だと思うんです。もちろん自分と田中刑事さんの直接的なやり取りもあったと思うんですけど、終わった瞬間の会場の反応の早さで、一気にそれが拡大した気がします。

田中刑事の新しい魅力を引き出した「Apple (Pandra Ver.)」©Nobuaki Tanaka / Fantasy on Ice 2023

真壁 確かに、フィギュアスケートの熱心なファンの方たちを見ていると、見終わって立って拍手をくださるときと立たないときがある。どんな演技にでも立つわけじゃない。シビアに見て、いい演技のときに立つ。

DEAN そういう意味では、まったく疑念がない、瞬間的な肯定感って感じでした。

真壁 そうでしょうね。それが伝わったんですね、DEANさんにも。

氷上で目の当たりにした
フィギュアスケートの表現世界

DEAN 自分はずっとソロでやってきて、あまり誰かと息を合わせて、もちろん自分のワンマンライブの時に一緒に

演奏するサポートメンバーとはそうしますけど、自分は歌を通してそこに当事者として、フィギュアスケートを踊っている方と、ここまで運命共同体になることが、もしかしたら初めてだったのかなという経験でした。最初に新潟でやっていたときは、自分のことで精一杯。目の前に氷のリンクがあるという巨大な空間で、温度が低い硬い物体が目の前にずーっとあるというところで歌ったことがないので、音響の設定とか、真壁さんは毎回立ち会われているのでわかると思うんですけど、湿度とか温度とか空間の形状とか材質で、全然違うじゃないですか、音の伸び方が。だから、まずそれに慣れるのが初体験だったんです。新潟の3日目ぐらいから、なんとなく自分のことはやっとできるようになったと思えてきて、オープニングの「History Maker」で、みなさんの動きにやっと自分の意識がいくようになった。そうすると今度は見とれてしまうというか引っ張られてしまう。その微妙なコントロールが自分の意識下にあるというよりも、どちらかというと反射的なものだった。自分は個人的には、すごくいい体験ができ

まさにHistory Makersとの共演となったオープニング「History Maker」
©Nobuaki Tanaka / Fantasy on Ice 2023

きたと同時に課題がたくさん見つかったと思った。それで、神戸に昨日来て、1日目をやってみて、この場所では、神戸のこういう状況のなかではこうあるべきなんだなというのが、昨日1日を通して見えた。で、今日改めて一緒に息を合わせて作り上げるという感覚で、新潟の自分の反省を生かしてやってみたところ、本当に素晴らしいフィギュアスケートの表現というものを目の当たりにできた。すごいですよね。スポーツなんだけど、すごく芸術的。映画を見ているみたいだと思うときもあれば、めちゃくちゃハードワークで肉体が酷使されているのも感じます。

真壁　不思議ですよね。競技でありながら、笑顔を作らなきゃいけないとかね。だから実際には、相当なアスリートですよね。それと、やっぱり真剣勝負の大会でありながら、試合の翌日にエキシビションをやる不思議な競技でもあるんですよね。これはフィギュアスケートだけですから。エキシビションなら、試合翌日の解放された笑顔があれば、何も演出がなくても、エキシビション自体で面白い。だけど、ここだけ取り出してやるとなると、何か演出しなければ面白くなくなってしまう。私がたまたまフィギュアスケートの大会運営に関わって、こういったエンターテインメントの世界があることに行き着いた。当時は欧米では至るところでアイスショーをやっていました。つまりアイスショーに出ることによって自分の演技を試す場所ができる。でも日本の選手には大会しか、一発勝負しかなかった。海外選手はアイスショーで自分の演技をお客さんの前で試して、それで精査するとか、そういうチャンスがいっぱいある。それに、スケーター同士がショーで顔を合わせていれば、世界選手権で会ったときにも、「あの人、金メダリストだ！」とか緊張してしまうこともない。もちろん人の演技を観ることで、何かを盗んで上達もしていきますから。そういう世界のメダリストと一緒にやるっていうことが、やっぱり選手強化につながることがわかったんです。それが私の原点にあります。

DEAN　まさにその通りで、自分がやっていることにおいても、いまおっしゃっていたような効果をきっと自分も受け取っていると思うんです。やっぱり1つの分野での世界最高峰のチャンピオンたちが集まっている。いろんな人種が

羽生結弦らが躍動する空間のなか、歌声を響かせるDEAN FUJIOKA ©Nobuaki Tanaka / Fantasy on Ice 2023

いて、年齢も性別もバラバラで、自分は
フィギュアスケーターではないですけど、
同じステージ、同じ時を過ごさせてもら
うことで、舞台裏でのあり方っていうの
も垣間見えるわけですよね。みんなまっ
たく違うのもすごく面白いなと思ったし、
じゃあステージに上がったときに、どう
いう覚悟でそこにいるのかといったもの
が、やっぱり競技は違えど、生き方は
違えど、生業は違えど、何か命の燃え
上がり方には必ず通じる部分があると
思う。そういう影響を、大きな財産をい
ただいているのを噛みしめながら、日々
やらせてもらっています。
真壁 ありがとうございます。特に、こ
のファンタジー・オン・アイスの歴史の
なかで、ジョニー・ウィアーとステファン・
ランビエルは皆勤賞なんですよ。あの
２人がいたから、あの２人と同じ時代に
アイスショーができたことが、いま振り
返っても本当に幸せなことでした。今
年でジョニーがショーの場を去ってい
きますけど、ステファンは技術的にはま
だまだやれますしね。今回「Sukima」
を選曲させていただいたときに、本来日
本語の歌詞なので、いつもならできる

だけ日本人スケーターに滑ってもらうの
がいいと思うんです。だけど、この曲が
与えるインスピレーションなのかもしれ
ないですけど、絶対ステファンだと、そ
れしか浮かばなかった。彼もときどき、
場合によっては「ちょっとミスター真壁、
難しいよ」とかいう話が出ることもある
んですけど、今回そういう話はなかった。
受け入れてくれたんだなと思って見て
いたら、案の定、しっかり彼は、上手く
自分で曲をちゃんと咀嚼して理解して
いた。ご存知かわかりませんけども、ス
テファンは、いまコーチとして、たとえ
ば宇野昌磨さんや島田高志郎さん、今
回出演しているデニス（・ヴァシリエフ
ス）のコーチもしているので忙しい。そ
れでも、あれだけの滑りを見せてくれて
いる。今回ステファンと同じスイス出身
のサロメ（・ブルナー）さんという有名な
振付師の方が「Sukima」を振付けてく
れたんです。じつは新潟にも来てくれ、
ステファンの滑りを全部チェックしてい
た。それと、島田高志郎さんが日本語
の歌詞を説明してくれて、音楽と合うよ
うに振付したのだと思います。だから、
「目を閉じる」という歌詞のとき、振りが

合っていましたよね。当然ながら我々は
歌詞を英訳して渡しはしていますが、
細かいタイミングは日本語なのでわか
らない。それをちゃんと微調整してきて
いるんです。
DEAN 素晴らしいですよね。ステファ
ンの振付や表現を見て、自分の曲の再
解釈をさせてもらいました。最初自分
のなかで「Sukima」という曲はどちらか
というと、ちょっと目を瞑って内に籠っ
ているスタートの切り方のイメージだっ
たんです。ところが、何日目かに、たぶん、
遠くを見つめながらあまり動かず、別の
世界のことを空想しながら歌っている
という感じにしたほうがいいなと思えて
きた。それはやっぱりステファンの表現を
何度か自分が体感したから、明確に自
分のなかでそう降りてきた。実際その
ほうがたぶん観ているお客さんも、ぼく
ら２人の距離感とか、２人の関係性で
生まれるシナジーが、より奥深く、また
別の次元にそれぞれがいるような感じ
に見えるんじゃないか、と。もちろん、
「History Maker」に関してもそうだし、
「Apple」もそうなんですけど、自分で
作った曲が、違う角度から物語の解釈

DEAN FUJIOKA
ディーン・フジオカ

香港でモデルとして活動をはじめ、映画「八月の物語」('06)の主演に抜擢され、俳優デビュー。その後、台湾に拠点を移し、ドラマ・映画・TVCMに出演。日本では、2015年NHK連続テレビ小説「あさが来た」で五代友厚役を演じ、一躍話題に。その後数々の話題作に出演。ミュージシャンとしては、2013年日本で1stシングル「My Dimension」をリリース。23年には、自身初となるベストアルバム「Stars of the Lid」を7月26日にリリース。9月23日には、日本武道館での単独公演を予定。ミュージシャン、俳優、モデル、映画プロデューサーなどマルチな才能を誇り、いずれの表現においてもグローバルな視野を持ち、時代に切り込むメッセージを発信している。

©Sunao Noto / Fantasy on Ice 2023

ができるんだなって。ここまで何回もやっている曲なのに、おかげさまでたくさんの気づきをいただきましたね。

真壁 それは、私にとってもうれしいことです。

目の前で起こっている奇跡
羽生結弦さんの爆発力

—— 「History Maker」とは"歴史を作った人"、やはりフィギュアスケート界においては次々に歴史を作り続けている羽生結弦さんがその1人ではないかと思いますが。

DEAN 羽生さんはまさに"History Maker"ですよね。もちろんフィギュアスケーターとしてスケートの世界で、かつ日本という国を代表する1人のアスリートであり、そういった存在だと思います。羽生さんが活躍されている姿はテレビで見たことはもちろんありますが、今回初めてお会いして、こういうかたちで同じステージに立たせてもらって、かつ自分がフィギュアスケートのために書いた「History Maker」という曲を、羽生さんを筆頭にみなさんで踊っていただけるというのは、先ほども言いましたが、世界最高峰のチャンピオン……チャンピオン・オブ・チャンピオンみたいな感じですよね。羽生さんがああやって先頭をきって、とても繊細な表現をされていて、観ていて感動ですね。もうあまりにも見どころがたくさんありすぎて、「History Maker」に関しては。羽生さんももちろんみんなと同じことをやっているはずなのに1人だけ違って見えたりする。と思いきや、ジョニーさんがすごくエモーショナルな登場の仕方をする。

最終的にジョニーさんがみんなにジョインしていくという流れも含めて上手い。自分が歌わせていただいている目の前で、奇跡みたいな魔法のような時間がそこに残っている。そういう体験でした。毎回オープニングは、自分を落ち着かせるのに精一杯です。あまりにもエネルギーの量が半端ない、尋常じゃないので、それぞれがたぶん登場する瞬間に何かを懸けてやっているわけじゃないですか。そういう気迫がすごく伝わってくる。リレーしていく感じとか、物語が展開していって、みんなで歴史を紡ぎ合っているということが、1曲のコレオグラフを通してすごく伝わってくる。そこがやっぱり感極まりそうになってしまうので、ちゃんと仕事しなきゃみたいな感じで(笑)、冷静に自分を感情が暴れすぎないようにずっと抑えている。それぐらいやっぱり羽生さんの持つ爆発力というか、魅力を感じます。自分も東北に縁がある者なのですが、3.11が起こる前までは、長いこと日本を離れて生活をしていました。3.11があって、自分の生まれ故郷、祖国との縁と、また接点が生まれました。当時、日本に少しずつ仕事の拠点を移し始めたときだったので、よく覚えているんです。すごく若いフィギュアスケーターの東北出身の男の子ががんばっていると。すごい何かとんでもないことがこれから起こるんじゃないかみたいな感じで、日本が彼に注目していたのを。彼の活躍に希望をもらっていたのかもしれないですよね。「ユーリ!!! on ICE」のテーマ曲をやらせていただいた経緯もあり、時を経こうやって一緒に「History Maker」という曲で、History Makersたちに、ある

意味再会できたんだなと思うと、すごく何か運命的なものを感じますね。

真壁 そうですね。3.11のときは、羽生結弦さんが拠点にしていた仙台のリンクが被害を受けて練習ができなくなってしまったんです。すでに私のショーに出演していただいていましたが、私のショーに限らず、ほかのショーを転々としながら、彼はこのままスケートを続けていいのかと悩みながら滑っていたそうです。でも、やっぱり応援してくれる人がいて、その応援で、スケートを続けていく気持ちになったと思うので、彼自身もスケートで助けられたっていうところもあるかもしれない。

この素晴らしい経験を
自分の進む道で花開かせたい

—— フィギュアスケートは音楽がなければ成り立たないジャンルです。最後にDEANさんに、今後の音楽活動について伺えますか。

DEAN 言葉にするとすごく大袈裟だから、あんまり人前で何度も言うことじゃないなと思うんですけど、自分が1ミュージシャンとして、歌い手として、そのキャリアの1つの人生において、大きなターニングポイントにいるのだと、いますごく直感しています。ファンタジー・オン・アイスに出会ったことで、先ほどいろいろお話しした理由があって、これまで自分のなかで芽生えなかった、感じ取れなかった何かが芽生えていることをすごく実感しています。これはあとでしかわからないこと、時が経ったときに、あの時そう思っていた直感的な感覚はそうだったんだと気づくものだと思うんですね。だからいずれ未来のどこかの地点において、ちょっと言葉にしづらいんですけど、本当に素晴らしいものに触れた、この地球においての、1つの文化においての世界最高峰っていうものに触れたということ、しかも同じステージに立たせてもらったこと、それが必ず自分の歩む道において、何か花開くであろうと思います。それを命をかけて追い求め続け、花開かせることが自分の1つの使命だなということも改めて思いました。

近々だと、今年ベストアルバムを出して、武道館でライブをやるんですけど、もっと自分がなぜこの表現を、この人生において選び、やり続けるのかという、

そういうレベルにおいての、そういう深さにおいての気づきや素晴らしい経験をいただいたなというのが、いまの自分の音楽活動においての最新情報ですね。

── ありがとうございます。真壁さんは、今年のショーを踏まえて、また来年に向けて構想が湧いてきているでしょうか。

真壁 まず、今回可動ステージを初めて導入しましたが、アーティストに乗っていただいて、よかったなと思っています。可動ステージの向こう側をスケーターが通ると、アーティストとの一体感がちょっと違ってくると思うんですよ。自分の裏側まで滑ってくれるといいますか、ノリが違うんじゃないかとかね。そういう意味では成功したかなとは思っています。でも今回は初めてだから試運転みたいなもので、恐る恐るのところもありました。アーティストが動くのではなくて、可動ステージ自体が回ったほうがという意見などもありましたし、下にスパイクがついているので、リハーサルのときにそれがちょっと氷を削ってしまって身動きが取れなくなったこともあったり……。本番は毎回、センターに行ったはいいけれど、戻れなかったらどうしようとかビクビクしていましたよ。

真壁喜久夫

まかべ・きくお
プロデューサー、株式会社CIC代表取締役。1980年代からフィギュアスケートの大会運営に携わり、2001年からアイスショーを各地で開催。「ファンタジー・オン・アイス」を創設したほか、エキシビション「ドリーム・オン・アイス」「メダリスト・オン・アイス」など多数のスポーツ・文化イベントを手がける。著書に『志〜アイスショーに賭ける夢〜』(新書館)。

(笑) 来年の構想はこれからですけど、もうちょっとコントロールする人も慣れてくるでしょうから。少なくともいちばん向こうまで突き抜けて移動するかもしれませんね。

── すごいスピードで運ばれると、アーティストのみなさんも大変ですね。

DEAN 可動ステージが動いているときは気持ちがいいので大丈夫です。(笑)

真壁 いよいよ明日が千穐楽となりますが、ショースケーターとしての最終公演となるジョニーは泣き崩れてしまうかもしれない。

DEAN 今日もすごかったですね。羽生さんも。いやあ、明日は感動的になりますね。

真壁 明日はみんな力が入るでしょう。本日はありがとうございました。

DEAN ありがとうございました。

── ツアー千穐楽、楽しみにしております。素敵なお話をありがとうございました。

(2023年6月24日、神戸にて取材)

取材・文／編集部　Text by World Figure Skating

奇跡のような魔法の時間が目の前で繰り広げられた ©Nobuaki Tanaka / Fantasy on Ice 2023

6月25日、ラスト・パフォーマンス「月の光」を滑り終えたジョニー・ウィアー
©Nobuaki Tanaka / Fantasy on Ice 2023

ありがとう、ジョニー！

2023 年 6 月 25 日、神戸ワールド記念ホール。
ファンタジー・オン・アイス 2023 の大千穐楽。
広大なリンクに、まさに月明りのような青白いスポットが降り注ぐ。
ジョニーは、ラスト・パフォーマンス「月の光」を滑り終えると、深々と頭をさげた。
2010 年のファンタジー・オン・アイスのスタートからショーを支えてきた
スケーターの有終の美を大きな拍手と歓声が包み込んだ。

第2部の後半、白い衣裳で「月の光」を舞うジョニー

滑り終えると、感極まって顔を覆った

第1部の前半、「ありのままの自分を見てもらいたかった」と、代表作「Creep」をノーメイクのまま、練習着で演じた

仲間のスケーターたちが「THANK YOU, JOHNNY」のバナーを掲げてリンクサイドでジョニーを祝福。
涙を流しながら観客にあらためてあいさつした

羽生結弦がジョニーへの大きなリスペクトをこめて、「秋によせて」をサプライズで披露

公演の最後、2人でいっしょに「ありがとうございました！」とあいさつ

大きな白い花束ごとジョニーをハグ。これまで深めてきた2人の絆が強く感じられた

　フィナーレのあと、サプライズで羽生結弦が「秋によせて」の華麗なステップでジョニーへのオマージュを捧げた

INTERVIEW

支えてくれたすべての人に
感謝を捧げます
ジョニー・ウィアー

Johnny Weir

　ファンタジー・オン・アイス2023を
もって、その長いスケーターとしての
キャリアに終止符を打ったジョニー・
ウィアー。選手として全米選手権3回
優勝、トリノ・オリンピック5位、バンクー
バー・オリンピック6位など活躍し、
2010年からファンタジー・オン・アイス
に毎年登場して、華やかな個性をふり
まいてきたジョニー。6月6日にはフェ
アウェルパーティー「Dear Johnny」に
おいて、ファンと楽しいひとときを分か
ち合った。スケートへの愛とともに、ファ
ンに支えられて歩んだスケーターとして
の日々を締めくくるにあたって、万感の
思いを語ってもらった。

ファンに支えられた20年以上

―― 今日はフェアウェルパーティー
「Dear Johnny」で、ファンのみなさんと
直接会う機会となりました。
ジョニー　いまとてもエモーショナルな
気分です。ぼくのファン、とくに日本の
ファンのみんながこれまでどれだけぼく

のキャリアを支えてきてくれたことか
……。みんなに直接ありがとうを伝え
ることができたのは、ぼくにとって世界
全体と同じくらい大きな意味があります。
この人たちと、ぼくは20年以上を歩ん
できたんです。最後にはこんなに豊か
な感情を味わうことができるなんて。最
初は、エモーションなんか抑えてロボッ
トみたいに滑らなきゃいけないと思い込
んでいたのにね！
―― ファンのみなさんをとても大切に
してこられましたね。
ジョニー　みんなが寄せてくれる応援
の大きさに対して自分が見合うだなん
て思えたことがない。もちろん自分がも
つものはすべて出しきってきたけれど、
それでもどうしてこんなにも応援しても
らえてきたんだろうって思います。ぼく
を待っていてくれるファンがいなければ、
いままで続けてくることはできなかった。
プロスケーターとしても、TVでのコメ
ンテーターの仕事にしても、ファンが
「見たい」と思ってくれたからこそ続け
てこられたんです。みんなにぼくがどれ

だけ感謝しているか伝わったらいいと
思い続けているんだけど。
―― このインタビューのあと、新潟、神
戸とツアーし、神戸でラストパフォーマン
スを迎えられます。どんな想いがありま
すか。
ジョニー　神戸のことを考えるたびに、
「いやいや、考えちゃいけない」と自分
を止めているんだ。自分でプレッシャー
を感じたくはないから。ぼくは昔からプ
レッシャーのかかった状態が得意じゃ
ないからね。ぼくの願いは、神戸に到
着して、朝の練習に行って、もうそのと
きから泣いてしまうことはわかっている
けれど、とにかくこれまで氷上で送って
くることができた素晴らしい時間を味
わって、出会ってきたたくさんの人たち
に感謝しながら過ごしたいです。最後
の日はすごくすごく大変だと思う……。
ぼくはこのツアーのために引退を延長
してでももう一度滑りたいと思った。世
界がぼくに与えてくれたものに感謝す
るためにね。スケートを始めたころには、
レジェンドと呼んでもらえるようなス

1984年7月2日、アメリカ・ペンシル
ヴェニア州生まれ。12歳からスケート
を始める。2001年世界ジュニア選手
権優勝。2004年〜2006年全米選手
権3連覇。2008年世界選手権3位。
オリンピックには2大会連続出場し、
トリノ大会5位、バンクーバー大会6
位。引退後は、プロスケーター、NB
Cの解説者などとして活躍。ファンタ
ジー・オン・アイスには、2010年より
連続出演。2023年6月25日、神戸公
演を最後にスケーターを引退。

「月の光」(幕張公演) ©Nobuaki Tanaka / Fantasy on Ice 2023

©Manabu Takahashi

ケーターのひとりになり、38歳まで滑らせてもらっているだなんて思いもつかなかった。アメリカ人でも誰も名前を知らない小さな町の、豊かな家庭でもない家の出身で、どうやってここまで来たんだろう？ ぼくの両親は、フィギュアスケートのことを何も知らなかったのに、ぼくにはスケートの才能があり、滑っているときが何よりいきいきしていると気づいたとき、全部捨ててぼくを応援してくれました。仕事を変え、年金保険を解約し、家を売って……両親がいなければこのぼくは存在しない。2人が「もうやめて」って言っても、感謝し続けなくてはね。そしてたくさんの人たちが、これまでぼくを助けてくれました。最後のパフォーマンスは、そういうこと全部に対して感謝する場になると思います。

つねにあなた自身であれ

―― 最後のツアーに選んだ作品は「Creep」と「月の光」でした。衣装の面でも、「Creep」はオリジナルの黒から虹色に変わり、「月の光」では「白鳥の湖」をイメージするような純白のチュチュが印象的でした。

ジョニー ぼくの衣装は、ぼくがどう感じ、どう表現したいかと反映する存在。

衣装で遊ぶのが好きだし、それ以上のメッセージもある。「自分はほかと違う」「この世界に自分の居場所なんてない」と思っている誰かに、ぼくはここにいてあなたに寄り添いたいと思っているよ、と伝える手段なんだ。ぼくの心のなかにはあなたがいる場所があるし、氷の真ん中にあなたがいてもいいんだよと。ぼくは38歳の立派な中年だけど、大観衆の前で真っ白のチュチュを着ているんだ。そういうのって最高でしょ？ ぼくのメッセージは「つねにあなた自身であれ」ということなんだ。

―― ジョニーさんのキャリアを振り返ると、ほかのスケーターとは違うエピソードに彩られています。華やかで個性的なスケーターとして人気を博してきたいっぽう、ご自身を貫くために戦ってきたアスリートでもありますね。

ジョニー スケーターとしてのキャリアのかなり早い段階で、「ぼくは勇敢でいなくちゃだめだ」と決心したんです。スケーターとしてのぼくは、何もかも「間違い」だった。まずスケートを始めるのが"遅すぎた"でしょ。もう12歳になっていた。さらにぼくはゲイで、当時のアメリカの社会はそれを歓迎しなかった。ぼくはやることなすこと常識を外れていてユニークだった。競技で結果を出し

ていくと、たくさんの人が入れ代わり立ち代わりぼくの前に現れて、「変わらなきゃだめだ、悪目立ちするな」といい続けた。でもまだ子どもだったころから、ぼくは「こういう自分以外ではありえない」と確信していたんだ。ぼくの勇気の出どころは、「おまえ自身でいてはいけない」とぼくにいい続けた人々なんです。この世界でユニークであること、変わっていることは本当に難しい。ぼくは狙ってほかのみんなと違うことをしようと思ったわけじゃない。これがぼく。フェイクの人生を歩むわけにはいかなかったんだ。信じる道を生きていくのは大変なことだったし、勇敢さと、誇りと、強さが必要だった。ぼくの前に立ちふさがる出来事が、ありとあらゆるところで発生したから。でも、自分自身に対して正直であれば、道を間違えることなんてないんです。

―― 日本にも、かつてのジョニーさんのような思いを抱いている若いスケーターがいるとしたら、彼らにどんなメッセージを送りたいですか。

ジョニー 日本の社会はとても慎重で用心深く、たくさんのルールがあり、それは日本の大切な文化のひとつだと思います。その文化があるからこそ、世界の中で日本が特別な存在なのだと思う。協調が重視されていますよね。いっぽうでは、ほかと異なる特質があったり、ユニークだったりする人もいるはず。フィギュアスケートでは「ジャッジに評価される」という要素があるわけで、なるべく多くのジャッジによい評価をしてもらうためのアピールをしていくことになる。たとえば暗黙のルールに全部従って、望まれる通りの態度でやってみせる

フェアウェルパーティー「Dear Johnny」でプレゼントされた白いバラの花束やパンダのぬいぐるみと ©Manabu Takahashi
※フェアウェルパーティー「Dear Johnny」で参加者に贈られた限定グッズを読者の方にプレゼントします。詳細は本誌95頁をご覧ください。

人と同じ結果を得たいと思ったら？　答えは、その人よりも10倍努力して、10倍いいものを見せないといけないということ。ぼくはそういう努力をしてきました。英語だと、「自分の風は自分で吹かせよう」という表現がある。誰もぼくのために風を送ってくれたりしない。その表現にぼくは力をもらってきました。だからぼくはこう言いたい。たとえ世界の変化が極めてゆっくりだったとしても、あなたまでも遅い必要はない。いつだって成長し、自分の声を見つけ、強さを身につけて、もっと自分の人生を生きよう。あなたが自分の人生を生きていくことを止められる人なんてどこにもいない。人生は短いんだ。誰か他人のために生きるなんてもったいないよ！

自分の経験をシェアしていきたい

――　スケーターとしては引退されますが、解説者などのお仕事は続きますし、何より新しいアカデミーを設立することを発表しました。

ジョニー　ぼくは生徒たちとともに、氷の上に残るという選択をしました。それは長年経験を積んで、この年齢になるまで成熟してきて、ようやく自分はほかの人を手助けする資格があると思えたから。若い生徒たちが自分を表現する手段を見つけて、スキルを養うためのサポートをしていきたい。もう一度言うけど、ぼく自身は2度もオリンピックに出るなんて思われていなかったスケーター。ぼくには人に伝えるべきスキルがある、フィギュアスケートがそれなんだと気づくには長い時間がかかったけど、ぼくの競技とプロフェッショナルの世界での経験を誰かとシェアし、何かを学んでもらうべきだと思えるようになった。アカデミーを開くことになってとても興奮しています。

――　教えることの喜びはどんなところに感じますか。

ジョニー　誰かが花を咲かせるところを見守れること。メダルを勝ち取ることだけじゃなくて、その人が自分らしく困難を乗り越えていく姿を見ることができるのが、教えることの最上の喜びだと思う。子どもたちは気まぐれだし、気難しいこともありますよね。でも総合的に言ってぼくは大きな子どもみたいなものだし、子ども同士の言語で通じあえたらなと思っています。

――　ジョニーさんは黄金世代のひとりで、そのなかでもとくに長いキャリアを過ごしてきました。仲間たちや年下のスケーターにはどんなことを伝えたいですか。

ジョニー　ぼくの同僚たちにも、もちろん最大限の感謝を。ぼくのスケートの家族たち。つねに触発してくれて、ぼくがここまで歩んでくることを助けてくれました。いまのぼくがあるのは、ファンのおかげであるとともに、彼らがいまのぼくを形作ってくれたからでもある。競技をしていたころは、周りのライバルたちといつか一生の友達になるなんて思わなかった。これからもぼくの家族だと思い続けることに変わりはありません。ツアーで会うことができなくなるのはとてもさみしいけれど、若い世代のために席を譲るときだと思って、誇りをもって立ち去りたいです。

――　これが最後のインタビューにならないことを願いたいのですが。

ジョニー　ぼくの生徒たちが強くなったときにインタビューしてくれたら、顔を出すよ！（笑）

――　その日が早くやってくることを楽しみにしています。素敵なお話をありがとうございました。

（2023年6月6日、フェアウェルパーティー「Dear Johnny」にて取材）

取材・文：編集部 Text by World Figure Skating

「Creep」（宮城公演）©Nobuaki Tanaka / Fantasy on Ice 2023

©Manabu Takahashi

Dear Johnny

ジョニー・ウィアー　フェアウェルパーティー

「ぼくの人生はみなさんのおかげで 価値あるものになったと思います」

2004年の初来日以来、日本のファンに
ときめきや驚きを届けてきたジョニー・ウィアー。
ファンタジー・オン・アイス2023を最後にプロスケーターを引退する
ジョニーを囲むスペシャルイベントが6月6日、都内で開催された。

協力：株式会社CIC／アイスクリスタル
文：編集部　Text by World Figure Skating

今年のファンタジー・オン・アイス（FaOI）を最後に引退するジョニー・ウィアーのフェアウェル・パーティー「Dear Johnny」が2023年6月6日、都内で開催された。ディナーとパーティーの2部構成で、「ファンのみなさんとアットホームに過ごしたい」というジョニーたっての希望により、ホームパーティーのような雰囲気のなかで行われた。ディナータイムには、ジョニーのプログラムにちなんだ4種のスペシャル・ドリンク（「Creep」「秋によせて」「月の光」「白鳥」）などがふるまわれた。

参加者たちの期待が高まるなか、午後7時、涼し気な装いのジョニーが大きな拍手に包まれて登場した。テーブルの間を通りながら、参加者に笑顔であいさつ。開宴の合図にかわって、スペシャル・ドリンクの「白鳥」を手に、「これまでみなさんと過ごした時間、みなさんと家族として過ごした時間、それから今いっしょに過ごせる時間に乾杯したいと思います。乾杯！」とグラスを掲げた。

キャンドルサービスよろしく、ジョニー自らカヌレを各テーブルに届けたあと、いよいよトークコーナーがスタート。参加者から事前に寄せられた質問に答えていった。FaOIの前半ツアーを終え、「このツアーが最後と決めたのは自分自身です。自分のフィギュアスケートに対する最後のラブソングだなという気持ちで滑っています」と話し、最後のプログラムである「月の光」について、「最後の見渡す仕草は、やっぱりこのときを忘れたくないという気持ちで、みなさんの顔をしっかりと見ています」と明かした。

また、ジョニーがホームリンクで始める「ジョニー・ウィアー　スケーティングアカデミー」にも大きな関心が寄せられた。これまでの恩返しとして、自分の経験を若い人たちに伝えたいという思いで立ち上げたと説明。「愛情、楽しみ、健康、それから幸せというものが存在するアカデミーにしたい。選手たちが、つねに気持ちよく安心して競技ができるような場所を作っていきたい」と語り、「みんなに対してオープンなことをやっていきたいけれど、最終的な目標はやっぱりオリンピックの選手を育てたいと思っています」と力強く語った。さらに、アメリカでフィギュアスケートが遠い存在になってし

まっていることを憂い、「自分のアカデミーのテレビ番組を作って、一般の視聴者に、どうやってアカデミーを作って、生徒を育てているのか、どうやってオリンピック選手が育っていくかを知ってもらいたいと思っています」と明かした。また、気になる今後の来日についても、「また必ず戻ってきます。日本に来ることを諦めることは絶対にないです」と宣言した。

　テーブルごとのグループ写真撮影に続いて、お楽しみ企画のクイズ大会が行われた。ジョニーにまつわるクイズに〇か×で回答し、勝ち残った2名がジョニーと2ショット撮影できるというもの。第1問は「今回の参加者が選んだ好きなプログラムの第3位は「白鳥」である」。果たして、結果は「No」。実際は、「白鳥」は第1位、第2位が「Creep」、第3位が「秋によせて」。この結果に、ジョニーも予想通りと、大きくうなずいていた。このあともクイズが続いたが、正解者が続出。「自伝のタイトル」に関しては残っていた全員が正解。「もっと難しい質問をしなきゃダメだよ」と嬉しそうにつぶやくジョニー。用意した質問が尽きてしまい、ジョニー自らが出題。「初めて出場した国際大会（ノービス）は、カナダで開催された」答えは「No（正しくはスロベニア）」。ちょっと考えてから、さらにもう1問、「初めて滑ったスケートリンクは、デラウェア州のウィルミントンにある」と出題。答えの「No（正しくは デラウェア州のニューワーク）」が発表されると、クイズ王2人が残った。ジョニーは「ぼくも全然わからない質問があったから、ぼくも失格になっていました（笑）」と参加者をねぎらった。

　ここでジョニーへの花束贈呈。フラワーチケットとして、参加が叶わなかったファンからも花束のサポートをいただき、100本を超えるバラの花束が贈呈されることに。購入者のなかから、ジョニーがくじで選んだ2名から白いバラの大きな花束とネームカードが渡された。「とてもきれい！　本当にみなさんありがとうございます」と微笑むジョニー。

　編集部からも、初来日のときからの姿を収めたメモリアル小冊子と、パンダ好きのジョニーのために、「月の光」をイメージした白い衣裳をつけたぬいぐるみをプレゼント。ジョニーは「ジョニーパンダ、ありがとうございます」とぬいぐるみをい

パーティータイムの幕開けにスペシャル・ドリンクで乾杯！

テーブルの間を通って登場

各テーブルにカヌレをサーブ

さまざまな質問に答えるジョニー

クイズ大会では、正解者が続出！ ジョニー自ら出題する展開に

115本の白いバラの花束とネームカードを手に

"ジョニーパンダ"を嬉しそうに見つめる

日本公演の思い出をつづった小冊子を見ながら懐かしむ

通訳の新村香さんと

ファンから贈られた花冠をいったんはずし、厳粛な表情であらためて感謝の言葉を述べるジョニー

参加者のみなさんの笑顔で見送られる

会場を後にするジョニーの目には涙が

Photos ©Manabu Takahashi

とおしそうに抱きしめた。

　また会場に出張先から駆けつけた真壁喜久夫プロデューサーの姿を見つけると、「みんなが出たいと思うショーを作ってくださっているCICさん、ありがとう」と感謝の言葉を述べた。

　参加者全員には、仙台で1枚1枚ジョニーがサインをした演技写真を収めたフォトフレームとグリーンのトートバッグがプレゼントされた。フォトフレームの写真「Creep」と「月の光」は、FaOIのオフィシャルフォトグラファーの田中宣明氏とジョニーが一緒に選んだもの。スペシャルギフトに歓声が上がった。

　最後には、ジョニーが参加者へ改めて御礼の言葉を述べた。

「これまで、何度もみなさんにお礼を言ってきましたけれども、本当に感謝しています。これまでの20年間、みなさんと何度もお会いしてきました。これからはいままでほどみなさんとお会いする機会はないかもしれませんが、これからも常にみなさんのことを思い出していきますし、みなさんにぼくのことを誇りに思い続けていていただきたいと思っています。そして、みなさんがこれからも勇気があり、そして強く、そしていままでのように素晴らしい人であり続けることをお祈りしています。みなさんの人生が笑いや笑顔に満ち溢れることを祈っています。みなさんが、みなさん自身がそれぞれが求めている幸せを見つけてくれることを望んでいます。いろいろ辛いことや大変なこともあると思いますが、ぼくが持っているこのエネルギーでみなさんがその困難を乗り越えることができるように願っています。そしてみなさん、ここを見渡していても、本当に素晴らしい方が揃っているので、本当に感謝しています。ぼくの人生はみなさんのおかげで価値あるものになったと思います。みなさんからインスピレーションをたくさんいただきましたし、それから強くなるために、戦うための力もいただきました。ですから、みなさんには本当に感謝していますし、みなさんのことが大好きです。本当にありがとうございます」

　信頼するファンとの楽しいひと時を過ごしたジョニー。涙で目をうるませながら、「今日は泣かないって言っていたのに」と微笑んで会場を後にした。

WORLD FIGURE SKATING　48

羽生結弦
という物語

スケーターとして史上初の
東京ドーム単独公演を実現！
想いをこめた贈り物を3万5千人の観客、
そして世界中の人々に届けた。

取材・文：編集部
Text by World Figure Skating

羽生結弦「GIFT」。スケーターとして史上初となる東京ドーム単独公演は、壮大な「火の鳥」で幕を開けた　©2023 GIFT Official

か？　誰かと繋がっていますか──」。

　2023年2月26日、未曾有のアイスショー「GIFT」が幕を開けた。制作総指揮に羽生結弦、演出にMIKIKO、音楽監督に武部聡志。35000人の観客を集めた、フィギュアスケート史上初となる東京ドームでの単独公演だ。

　フィールドの中央に配された競技サイズのアイスリンク。その後方に巨大なスクリーン、左右には武部率いるスペシャルバンドと、東京フィルハーモニー交響楽団が居並ぶ。何もかもが破格のスケール。そこで語られるのは、1人の少年が自らを探求していく道のりだ。

　冒頭、燃え上がる炎の映像とともに、「火の鳥」で羽生が降臨する。叶えたい夢を見出すモノローグに次いで、「Hope&Legacy」。視覚との相乗効果でストーリーが織り上げられていく。「ひとりは嫌だ」。寂しさや苦悩、そこから何度も心を奮い立たせるさまは彼自身の半生に強い共感を抱かせる。

　「GIFT」のための1つ目の新作は「あの夏へ」。純白の衣に身を包んだ羽生が、久石譲作曲のピアノにのって優しくせつなく舞う。そのエモーションが映像とベールをまとったダンサーたちによって増幅される。続いて荘厳な光に包まれた「バラード第1番」。物語は前半ラスト、北京オリンピックをなぞり直すパフォーマンスへと流れ込んでいく。6分間練習と「Yuzuru Hanyu」のコール、そして「序奏とロンド・カプリチオーソ」。あの瞬間を追体験し、超克していくかのような4回転サルコウ、さらに4回転トウ＋

長い裾を翻しながら幻想的に舞った「あの夏へ」
©2023 GIFT Official

3回転トウ、トリプルアクセル。喝采に包まれて滑り終え、羽生は天を仰いで感極まったような表情を見せた。

　後半は「Let's Go Crazy」のライブ演奏、そして「Let Me Entertain You」で始まる。派手なネオンサインが躍るスクリーンの前でまさに観客を"エンターテイン"。2つ目の新作、Adoの「阿修羅ちゃん」では、シャープでエネルギッシュな圧巻のダンスを展開。進化を止めない羽生結弦の現在形を見せた。自らに対峙するストーリーは、気迫の「オペラ座の怪人」、さらにプロジェクションマッピングと響き合う「いつか終わる夢」へ。最後にたどりつくのは「ひとりじゃない」というメッセージだ。どこまでも気高い「notte stellata」。自分史を

端然と佇む「notte stellata」
©2023 GIFT Official

物語として語り直し、内面に深く深く降りていくことが、同時に共感を通して人々を結びつけることへと広がっていく——そんな世界観を示して余りあった。物語が締めくくられたあと、武部がこの日のために作曲した音楽「GIFT」の演奏に続き、「春よ、来い」を満場の光に包まれて滑った羽生。最後はフルオーケストラが奏でる「SEIMEI」に衣装の早替わりで登場してステップを滑ってみせ、大歓声に応えた。

公演を終えた羽生は、「ぼくの半生を描いた物語でありつつ、みなさんのなかでもきっとこういう経験があるんじゃないかなと思って綴った物語たちです。少しでもみなさんの"ひとり"という心に贈り物を、ひとりになったときに帰れる場所を提供できたらいいなと思って、GIFTを作りました」と感慨をこめて語った。

「羽生結弦 notte stellata」

希望よ、届け

3月10〜12日、宮城県利府町で
「羽生結弦 notte stellata」が開催され
羽生結弦が国内外から集まったスケーターたちとともに
東日本大震災の被災地へ希望を届けた。

取材・文：編集部
Text by World Figure Skating

イタリア語で満天の星を意味する「notte stellata」。羽生結弦は「星空から得てきた
希望とともに滑ってきた」とプログラムへの思いを語った ©Yazuka Wada

羽生結弦と内村航平、冬と夏の王者によるスペシャルな共演と
なった「conquest of paradise」。初日を終え、「結弦すごい、と
いうのをつくづく感じた1日」と内村 Photos ©Yazuka Wada

羽生結弦「春よ、来い」©Yazuka Wada

田中刑事「Memories」©Yazuka Wada

「羽生結弦 notte stellata」が3月10〜12日、宮城県利府町のセキスイハイムスーパーアリーナで行われた。2011年3月11日に発生した東日本大震災から12年、地元仙台のリンクで震災を経験した羽生結弦を中心に、被災地の復興を祈念して開催。鈴木明子、本郷理華ら仙台にゆかりのあるスケーターたちと、無良崇人、田中刑事、宮原知子、ジェイソン・ブラウン、シェイリーン・ボーン・トゥロックら羽生の盟友が国内外から駆けつけ、フラフープパフォーマーのビオレッタ・アファナシバも華を添えた。さらに、夏季オリンピック個人総合2連覇を達成した体操の内村航平がスペシャルゲストとして登場し、リンクに併設された舞台で氷上の羽生とコラボレーションするビッグステージが披露された。

　ショーの中心に立つ羽生は、オープニングでタイトルナンバーの「notte stellata」を披露したほか、世界的に大ヒットしたBTS「Dynamite」を踊った

全員が笑顔でフィナーレを迎える ©Yazuka Wada

映像をスクリーンやリンクに映し出し、映像内の羽生と氷上のシェイリーン、鈴木、無良、本郷によるダンスコラボで会場を沸かせるなど、観客へ楽しいひとときを届けるべく奔走。内村とのレジェンド共演では、「お互いの本気のエネルギーが混ざり合うところを出したいという意識があった」という言葉通り、羽生のジャンプと内村の宙返り、羽生のスピンと内村のあん馬の旋回など、磨き抜かれた技の数々と、演技に懸ける2人の思いがぶつかり、重なり、混ざり合って会場に大きな感動を生んだ。最後は「春よ、来い」。新たな季節に吹き抜ける温かな風にも似た優しい滑りで、被災地への思いをかたちにしたショーを締めくくった。

「『春よ、来い』を選んだ理由は希望というものが大きな趣旨です。いろんな場面でこのプログラムは滑らせていただいていますが、今回は、直接的に震災のことを考えたり、震災に遭われた方々の希望とはなんだろうとか、そういったことをイメージしたり、また、ぼく自身がそれになれるのだろうかということも考えながら滑らせていただいていました」。

無良崇人と本郷理華は「雨に唄えば」でコラボレーション ©Yazuka Wada

フィナーレでは、宮原知子らに手を引かれながら内村もスケートを披露 ©Yazuka Wada

ようこそ、ミュージカルの世界へ

右：田村岳斗、右：吉野晃平と小林芳一　2点とも©Shintaro Iba

新章に突入したプリンスアイスワールドの今年のテーマは"ミュージカル・オン・アイス"
新たな演出家を迎え、生まれ変わったアイスショーが、観客を大いに魅了した

取材・文：編集部　Text by World Figure Skating

「コーラスライン」の名曲「ONE」を使用した煌びやかなフィナーレ　©Yazuka Wada

スカートを揺らす振付が華やかな1部ラストの「Welcome To The Moulin Rouge! Medley」 ©World Figure Skating/Shinshokan

横浜公演初日4月29日に登場し、「The Impossible Dream」を
歌い上げた田代万里生 ©World Figure Skating/Shinshokan

「One Song Glory」
小林宏一、松永幸貴恵
©Yazuka Wada

5月4日の公演に登場した小野田龍之介は、「Luck Be A Lady」を披露 ©Yazuka Wada

「42nd Street」 ©Yazuka Wada

「On My Own」五戸桃代 ©Shintaro Iba

4月30日の公演で「My Favorite Things」を歌って会場を盛り上げた唯月ふうか ©Yazuka Wada

横浜公演最終日5月5日に出演し、「Bring Him Home」を力強く歌って観客を魅了した福井晶一　©Shintaro Iba

「I'd Give My Life for You」浅見琴葉　©World Figure Skating/Shinshokan

小沼祐太　©World Figure Skating/Shinshokan

「Anything Goes」　©Yazuka Wada

5月3日に「I'd Give My Life for You」を披露し、高らかな歌声を響かせた屋比久知奈　©World Figure Skating/Shinshokan

　日本一の伝統を誇るアイスショー、プリンスアイスワールド（PIW）が今年生み出したのは、"ミュージカル・オン・アイス"と謳う新たなアイスショー、「BROADWAY CLASSICS A NEW PROGRESS」。構成・演出に、ミュージカルの世界に長年携わってきた名演出家、菅野こうめいを迎え、ニューヨーク・ブロードウェイの街並みを思わせるセットや、カラフルで煌びやかな衣装、そしてミュージカルの第一線で活躍するスター歌手たちの歌声とともに、総勢22名のプリンスアイスワールドチームがミュージカルの名作の世界へ観客をいざなう。横浜公演はKOSÉ新横浜スケートセンターでゴールデンウィークに開催された。

　PIWの新章が幕を開けたのは、4月29日。客席の照明が落ちると、氷上に作り出されたブロードウェイの街角に、PIWのメンバーたちが姿を現す。さまざまな色合いのナンバーが続いた後、日替わりで登場するDaily Musical Starである田代万里生が特設ステージに乗って登場。力強くもどこか透明感のある「The Impossible Dream」（『ラ・マンチャの男』）が会場に響き渡り、4人のチームメンバーが繰り出すリフトやスケーティングと厳かに溶け合う。なお、他の公演日には、唯月ふうか、屋比久

キッズスケーターたちによる「Tomorrow」©Yazuka Wada

「Don't Rain On My Parade」佐々木優衣、松永幸貴恵 ©Yazuka Wada

「This Is The Moment」吉野晃平、唐川常人 ©Yazuka Wada

知奈、小野田龍之介、福井晶一が出演し、それぞれ美しい歌唱を披露した。

第1部の最後は、支配人に扮した小林宏一を中心に、チームメンバー全員でコケティッシュなキャバレーを描き出す「Welcome To The Moulin Rouge! Medley」で大いに盛り上がった。続く2部では、PIWチームの小沼祐太が「Bring Him Home」(『レ・ミゼラブル』) を、浅見琴葉が「I'd Give My Life For You」(『ミス・サイゴン』) を、それぞれソロで披露。若い青年の幸福を祈るジャン・バルジャンの心情や、幼い息子にすべてを捧げるキムの覚悟を繊細に表現した。

「One Night Only」©Yazuka Wada

荒川静香「Memory」 ©World Figure Skating/Shinshokan

織田信成「キンキーブーツ」
©Shintaro Iba

　ゲストスケーターでは、荒川静香がミュージカル『CATS』より「Memory」を披露。落ちぶれた娼婦猫のグリザベラの悲しみを切なくもエンターテインメント性たっぷりに表現する。葛藤も成功も数多く経験し、スケーターとして成熟と進化を止めない荒川のすべてを出し尽くしたと言っても過言ではない迫真の演技だった。織田信成はミュージカル『キンキーブーツ』のプログラムを主人公ローラに扮して滑り、世界選手権代表の友野一希も2021-2022シーズンのフリーにして自身の代表作「ラ・ラ・ランド」を久しぶりに披露して、会場を沸かせた。現役の競技スケーターとして最後のアイスショー出演となった村元哉中＆高橋大輔は息の合ったダンスで、客席を盛り上げた。怪我による苦難のシーズンを過ごした鍵山優真は、オペラ『Werther』からの新プログ

ラムを披露し、横浜公演最終日に20歳になった自身の新境地を印象付けた。宇野昌磨は、5月3日の夜公演で新作「Come Together」を解禁。ロックなナンバーをキレのある踊りで表現して見せ、表現面を貪欲に磨く自身の現在地を体現した。ゲストとPIWチームがミュージカルの世界を色とりどりに表現し、いよいよフィナーレへ。『コーラスライン』の代表曲「ONE」に乗せて、隊列の美しさや息の合った楽しい振付で魅せ、ショーは大団円を迎えた。

　横浜公演では、荒川静香と本田武史が全日程に出演し、4月29、30日には、村元哉中＆高橋大輔、織田信成、田中刑事、山本草太、大島光翔、中田璃士、中井亜美が、2日間の休演を挟んで5月3〜5日の後半には、宇野昌磨、鍵山優真、樋口新葉、友野一希、本田真凜、三浦佳生、住吉りをんが出演した。

村元哉中＆髙橋大輔「Conga is Gonna Get You／Ahora」ほか ©Shintaro Iba

　田中刑事「Forever Young」©Yazuka Wada　鍵山優真「Werther」©Shintaro Iba

樋口新葉「Fix you/Paradise」©Yazuka Wada

中井亜美「アイ・ガット・リズム」
©World Figure Skating/Shinshokan

友野一希「ラ・ラ・ランド」©World Figure Skating/Shinshokan

中田璃士「Believer」
©World Figure Skating/Shinshokan

山本草太「Teeth」©Shintaro Iba

三浦佳生「Natural」
©Yazuka Wada

住吉りをん「Blood In The Water」
©World Figure Skating/Shinshokan

大島光翔「ジョジョの奇妙な冒険」
©World Figure Skating/Shinshokan

宇野昌磨「Come Together」©Shinshokan

佐賀で初開催

プリンスアイスワールド佐賀公演が
6月10、11日にSAGAアリーナで開催された。
5月にグランドオープンしたばかりのアリーナは超満員。
プリンスアイスワールドチームは
ミュージカルナンバーで魅惑の世界に誘った。
ゲストとして荒川静香、本田武史、ハビエル・フェルナンデス、
村元哉中＆髙橋大輔、宇野昌磨、安藤美姫、織田信成、
田中刑事、本田真凜、本田望結が出演した。

宇野昌磨「Come Together」

「42nd Street」

ハビエル・フェルナンデス「踊るリッツの夜」

村元哉中＆髙橋大輔「マスク」

本田望結「カンナムスタイル」

「ONE」

支配人ハロルド・ジドラーに扮した小林宏一
「Welcome To The Moulin Rouge! Medley」

荒川静香「Memory」

本田真凜「Faded」

安藤美姫「戦場のメリークリスマス」

本田武史「Your Song」

五戸桃代、吉野晃平「On My Own」

「New York, New York」

アイスエクスプロージョン2023 in Fukuoka

感性があふれ出す

高橋大輔プロデュースのアイスショーを福岡で上演。
独自のセンスとオリジナリティに彩られたパフォーマンスを届けた。

取材・文：編集部　Texts by World Figure Skating

　1月に横浜で初演された高橋大輔プロデュースのアイスショー「アイスエクスプロージョン2023」の福岡公演が、5月12〜14日、オーヴィジョンアイスアリーナ福岡で開催された。

　パートナーの村元哉中、荒川静香、M・スカリらに加え、現役の日本選手たち、さらに個性ある海外スケーターを、競技の成績にこだわらず選抜。彼らが実力を発揮したのはとくに第2部で、スタイリッシュなグループナンバーと個々のソロがゆるやかに結び合わされ、まるでひと続きの舞台を見るような統一感とバラエティを感じさせる。

　研ぎ澄まされたセンスをもって、実験的でありながら求心力のあるショーを構築するのは稀な仕事。シングルとアイスダンスで一世を風靡、さらにダンス公演など多彩な経験を積んできた高橋の創造力と美意識が結実した。今後の展開がいまから楽しみだ。

振付でも目を見張る才能を見せたケイトリン・ウィーバー＆アントルー・ポジェ

ディヴィッド・シャピロ

折原裕香＆ユホ・ピリネン

佐藤駿の演技の最後にニュアンスを添える
村元哉中、マッシモ・スカリ

荒川静香「Who Wants to Live Forever」

世界観を体現する活躍を
見せた友野一希

村元哉中＆高橋大輔「Love Goes」

BLACKPINKにのったキャッチーな女性グループナンバー

オープニング　スケーターたちは個々のナンバーとグループナンバーで大活躍

イリア・マリニン　EX「Tout l'univers」

チャ・ジュンファン「マイケル・ジャクソン・メドレー」

Dreams on Ice 2023
新シーズン開幕を告げる祭典

「ドリーム・オン・アイス（DOI）2023」が、6月30日からの3日間、KOSÉ新横浜スケートセンターで開催された。

イ・ヘイン「Pink Venom」

ルナ・ヘンドリックス「Loneliness」

友野一希
新SP「Underground」

オープニング　Photos ©World Figure Skating/Shinshokan

76

DOIの見どころは、日本代表の各選手が披露する新シーズンの新プログラム。友野一希は、明るい雰囲気のプログラムが印象的だった昨季とはがらりとイメージを変えた新SP「Underground」を、三原舞依は新SP「To Love You More」を多幸感たっぷりに披露。三浦佳生の新FS「進撃の巨人」や小松原美里＆小松原尊（ティム・コレト）組の新RD「ゴーストバスターズ／True」などのユニークなプログラムも登場し、観客の心を躍らせた。2日目から出演した世界女王の坂本花織は、マリ＝フランス・デュブリュイユが昨年に引き続き振付を手掛けた新FS「Wild is the Wind／Feeling Good」を、振付したばかりとは思えない迫力で滑りきった。

シニアの国際大会で活躍する選手たちに混じり、世界ジュニア女王の島田麻央のほか、世界ジュニア選手権銅メダリストの吉岡希と中井亜美、ジュニアグランプリファイナルに進出した片伊勢武アミンや吉田陽菜、京都大学在学中で文武両道を実行する佐々木晴也、全日本ノービス選手権ノービスA覇者の高橋星名、上薗恋奈らも出演。海外からは、ともに世界選手権2位で韓国代表のチャ・ジュンファンとイ・ヘイン、3位のイリア・マリニン（アメリカ）とルナ・ヘンドリックス（ベルギー）が会場を大いに沸かせた。

客席からは終始手拍子が鳴り響くあたたかな雰囲気の3日間となり、選手たちは幸先のよいシーズンインを迎えた。

取材・文：編集部　Text by World Figure Skating

三原舞依　新SP「To Love You More」

佐藤駿　新SP「リベルタンゴ」

三浦佳生　新FS「進撃の巨人」

島田麻央　新SP「Americano」

島田高志郎　新FS「死の舞踏」

千葉百音　新SP「黒い瞳」

山本草太
新FS「エクソジェネシス交響曲第3番」

Interview

友野一希

Kazuki

©Manabu Takahashi

3月の世界選手権でさいたまスーパーアリーナを大いに沸かせ、堂々の6位。ショーマンシップあふれる演技で愛される友野一希選手は、シーズンオフに入っても数多くのアイスショーに出演し、さいたまの熱狂をそのままアイスショーのリンクに移す大活躍。ショーごとに"らしさ"と"新しさ"をかわるがわる披露する友野選手に、そのパフォーマンスの裏側にある思いを聞きました。

アイスショーに出るからには
プロと同じ

―― このオフシーズンはたくさんのアイスショーに出演されて、大活躍されています。

友野 ありがとうございます。ショーによってカラーが違うので、ぼくはその雰囲気に合わせていろいろアピールしていけたらなと思ってやっています。「アイスエクスプロージョン」だったら、みんなノリノリなので、自分もとにかく盛り上げることに徹していましたし、グループナンバーが多いので、そういう楽しみもありました。「ファンタジー・オン・アイス」は、もうとにかく自分を売り込むという気持ちでした。お客さんの

なかには、もしかしたらまだぼくの演技を見たことない人も多いのかなと思って、自分のなかで代表的なプログラムを選んでみたり。アーティストさんとのコラボの機会もいただきましたし、本当にモチベーションはショーによって方向性が変わっていました。ショーのカラーになるべく合わせてできたらいいなという思いが、自分のなかではあります。

―― いろんな自分を見せていくなかで、新しい発見はありましたか。

友野 「ファンタジー・オン・アイス」では初めてアーティストさんとのコラボレーションがあって、とくに自分の新しい面を出せたんじゃないかと思っています。あれだけのレジェンドスケーターが集まっていて――1つのショーで何人か見られたらいいなというようなスケーターばかりで、全員ヤバいじゃん！　という感じでした。(笑) 一流が集まる世界に触れて、そのなかでもしっかり自分の存在感を示せるように、今後もがんばっていきたいなと思いました。「アイスエクスプロージョン」で、あそこまでがっつりグループナンバーに参加できたこともすごくうれしかったです。

―― アイスショーと競技では、明確にスイッチを入れ替えるイメージですか。

ダンサブルなナンバーが並ぶ「アイスエクスプロージョン」で、テクノポップを軽快に踊る「ダフト・パンク・メドレー」を披露
©World Figure Skating/Shinshokan

友野 そうですね。もうなんか全然違います。「THE ICE」は競技でのライバルたちと共演するので、自分のなかでは試合に近い感じの気合いが入るところはあります。とはいえ、練習ではすごくそういう気合いが入りますが、ショー中はとにかくいい演技をすることに徹します。「ドリーム・オン・アイス」や「プリ

ショーに合わせて魅力を変える
TOMONO

ンスアイスワールド」もそうですね。しっかりとお金を払って見に来てくださっているので、ぼくは「アマチュアだから」というのはあんまり好きじゃなくて、自分はちゃんとお金をもらって出演しているというプロ意識を持って、アイスショーと向き合うようにしています。ミスをしたら本当に悔しいし、1回1回大盛り上がりで帰ってきたい。自分だけのプライドと言いますか、ショーに出るからにはプロと同じぐらいの気持ちでやっているつもりです。

―― 友野さんのショーマンシップの根

「アイスエクスプロージョン」のメンズナンバー「Cyber Rabbit」。エンターテイナー揃いのメンバーたちと近未来的で斬新なダンスナンバーで共演
©World Figure Skating/Shinshokan

「ファンタジー・オン・アイス」ではDA PUMPのISSAと「紡 ―TSUMUGI―」
でコラボレーション。メロディアスなミディアムバラードを爽やかに滑った
©Nobuaki Tanaka/Fantasy on Ice 2023

初出演した「ファンタジー・オン・アイス」のソロナンバーは、友野一希らしさ満載のコミカル＆ポジティブな「ビルズ」 ©World Figure Skating/Shinshokan

源を伺った気がします。

友野　やっぱり競技とは違うとぼくは思っています。もちろん戦績が上がって、技術を買ってもらって呼んでいただいているというのはありますし、呼んでもらうためには戦績は必要ですが、ショーの舞台に出ていけば、戦績は関係なくなる。戦績抜きにしても印象に残る選手もいるし、エンターテインメントと試合はまた別物。もちろん繋がってはいるんですけど、ちょっと別だなと思っています。

世界選手権で絆が深まった
THE ICE メンバー

―― アイスショーと競技の違いを意識するきっかけはありましたか。

友野　とくにそれを気づかされたのが「アイスエクスプロージョン」でした。（高橋）大ちゃんと（村元）哉中ちゃんがインスタで見つけてスカウトしてきたアメリカのスケーター、デイヴィッド・シャピロくんがすごくエンターテインメント性のある演技をしていたり、みんながみんなオリンピックのメダルを持っているような選手ではないけれど、「このショーは本当におもしろい！」と思わせる力がある人たちばかりだった。そういうスケーターを目の当たりにして、アイスショーと競技は別なんだなと思いました。ただ、それを超える魅力があるスケーターもいて、荒川（静香）さんや羽生（結弦）くんは圧倒的な実力と貫禄で魅せるスケーター。「ファンタジー」はそこがすごいと思いました。こういうショーもあるし、こういう魅せ方もあるんだって。だから、自分も競技は絶対におろそかにしてはいけないというのは、「ファンタジー」を見てより強く思いました。

―― 競技で積み上げてきたものがあってアイスショーという場に立てるけれど、

宇野昌磨をはじめ、世界選手権で切磋琢磨したトップ選手たちと「THE ICE」で再会する ©Yazuka Wada

ショーに出たら初めましてのお客さまもいる、1スケーターである、と？

友野　そうです！　ショーに出たらまた別で、そういう気持ちでぼくはやっています。

―― このあとも「THE ICE」、「ワンピース・オン・アイス」と続いていきます。

友野　「THE ICE」は、そのままの自分を出したいです。おそらく新シーズンのプログラムを滑ったり、いつも一緒に戦っているライバルたちとのコラボナンバーというお楽しみもあります。みんなとずっと一緒に過ごすので、それも楽しみです。「ワンピース・オン・アイス」に関しては、もう本当にエンターテインメントそのもの。みんなが初挑戦のことだし、リハーサルでは、どちらかといえば共演しているプリンスアイスワールドチームのみなさんが、演じることに関してはプロフェッショナルだなと感じています。他の出演者とも言っているんですが、ぼくらはまだまだそういったところが未熟なので、新しい表現のかたちや、全面にエンターテインメント性を出して滑る難しさを、いまこのタイミングで体験できてすごく楽しいです。

―― 3月の世界選手権が終わったあと、本誌98号のインタビューで、男子のトップ7が共演するメンバーということで、エキシビションがまるで「THE ICE」だったとお話しされていました。

友野　そうそう！　あれ、すごいなと思ったんですよ。最後に残ったの、「THE

前シーズンのEX「What's My Name?」ではMIYAVIのロックナンバーを踊りこなした（写真は2023年世界選手権EX） ©Yazuka Wada

ICE」メンバーじゃねーか！　と。さすがにあのときは、みんなのあいだに友情が芽生えて、「おれたちがんばったー！」「THE ICEじゃん！　すごいよ、みんな」ってみんなで言ってた。（笑）あれはちょっとさすがに感動しました。「がんばってよかったね、来年もよろしく！」みたいな話をして。

―― そのチームワークをこの夏は見られるわけですね。

友野　本当にそうですね。チームワークがより深くなってきましたし、今年はアダム（・シャオイムファ）くんとか、キーガン（・メッシング）が新たに入ったりして、フレッシュな存在も楽しみです！

―― 大活躍のアイスショーシーズン、まだまだ楽しみにしています。素敵なお話をありがとうございました。

（2023年7月中旬に取材）
取材・文：編集部 Text by World Figure Skating

1998年5月15日、大阪府生まれ。上野芝スケートクラブ所属。2022年四大陸選手権2位。2022年全日本選手権3位、2023年世界選手権6位。観客を巻き込むオープンな演技、オリジナリティあふれるプログラムなどユニークな個性で、アイスショーにも数多く出演。

©Manabu Takahashi

Kazuki TOMONO

Disney ON Ice

100年続く夢の世界が氷上に

「ディズニー・オン・アイス」の日本ツアーが今年も開幕！
ディズニー100周年の節目を、
スケートとアクロバットやエアリアルを融合する
迫力のエンターテインメントとともに、
ミッキーたちが氷上から盛り上げます。

協力：中京テレビ放送　取材・文：編集部
Texts by World Figure Skating

ミッキーマウスとミニーマウス、ドナルドダック、グーフィーがマジックモービル号で100年愛されるディズニーの世界を案内してくれる
©World Figure Skating/Shinshokan

旅のリーダーとしてショーを盛り上げるミッキー
©World Figure Skating/Shinshokan

ウォルト・ディズニー・カンパニーが創立100周年を迎える今年、ディズニー・オン・アイス日本公演では特別な年を祝福する「100 Years of Wonder」が幕を開けた。

7月14日、有明アリーナ。ショーは、ミッキーとミニー、ドナルド、グーフィーが、集まった観客たちと思い出のフォトブックを作るため、マジックモービル号に乗り込んでディズニーの世界へ旅に出るところから始まる。旅支度を始めると、空からメリー・ポピンズが舞い降りてきたり、暴走したマジックモービル号を止めにMr.インクレディブルが登場したりと、出発前からすでに大盛り上がり。いざ旅に出ると、ミッキーたちは、「モアナと伝説の海」、「アナと雪の女王」、「ラ

イオン・キング」、「トイ・ストーリー4」、「アラジン」の世界を順に案内しながら、思い出を集めていく。

物語の世界を浮かび上がらせるセットのなか、キャラクターたちがスケートで躍動し、アクロバットやエアリアル、BMXが加わる壮大なエンターテインメントが、終始観客の心を惹きつける。同時に、「アナと雪の女王」のエルサの伸びやかな滑りや、「ライオン・キング」のシンバとナラのロマンティックなペアスケートなど、フィギュアスケートの醍醐味を堪能できるシーンも満載。子どもから大人まで会場中が一緒になって、ミッキーたちとともに氷上の旅に夢中になれる時間だった。日本ツアーは、9月の三重公演まで続く。

Disney ON ICE

トップを飾る「メリー・ポピンズ リターンズ」は、フライングや街灯を使ったダンス、BMXのトリックなど見どころ満載の幕開け ©World Figure Skating/Shinshokan

メリー・ポピンズとジャック ©World Figure Skating/Shinshokan

モアナ

ジャスミンが空を舞う、アラジンとのデュエット「ホール・ニュー・ワールド」(アラジン)

成長したシンバとナラの再会をドラマティックに描くペアスケート「Can You Feel the Love Tonight」(ライオン・キング)

表情豊かに旅を楽しむミニー ©World Figure Skating/Shinshokan

Photos © Disney/Pixar

「トイ・ストーリー4」では会場とのコール＆レスポンスや客席参加型で楽しめる演出も　　スケートの名手オラフは「あこがれの夏」(アナと雪の女王) で、アナやクリストフらと滑りを披露

エルサの「レット・イット・ゴー」(アナと雪の女王) は、雪景色のなかでエアリアルと舞う幻想的なナンバー

　Photos © Disney/Pixar　　　　フィナーレではディズニープリンセスたちが大集合　　茶目っ気たっぷりのグーフィーとドナルド
©World Figure Skating/Shinshokan

恩師の言葉が導いてくれた
アイスショーの世界
松浦 功
Isao Matsuura

岡山県出身。10歳でスケートを始め、粟井幸子コーチのもと全日本ジュニア選手権や国体、インカレ、全日本選手権に出場後、1999年に21歳でディズニー・オン・アイスに参加。日本人初のプリンシパルとしてピノキオ役を23年間務めた。ピノキオは「好きというより一心同体」のキャラクター。

© World Figure Skating/Shinshokan

—— アイスショーの世界を目指そうと思ったのはいつごろでしたか。

松浦 はっきり覚えているのは、高校1年生のときです。全日本ジュニアの予選として西日本選手権に出たときに、出来としてはそこそこだったんですが、試合が終わってから1人の年配のお客さんが自分のところに来てくださったんです。当時、自分は岡山でスケートをしていたんですが、岡山には他に選手がいなくて、岡山から全日本選手権に出たのは自分が初めて、トリプルアクセルを生で見たのは中学2年生のとき――という、そんな無名の自分の演技を見て、その方は涙を流して「演技を見て本当に心が動いた」と言ってくださった。当時は選手としてやっていこうとしか思っていなくて、結局のところは自分のためにがんばって、自分のために滑っていました。だけど、そのときに、自分が在ることで、人の心が動いたり、人にいい時間を提供できたりするんだと気づかされました。もともとショーやバレエを観に行くのが好きだったので、それに近いことが自分でもできるんじゃないかって。それからはもうずっと、ショーの世界に入りたいと思い続けていました。

—— 実際にショーの世界に入ったのは？

松浦 21歳、大学4年のときですね。ディズニー・オン・アイスのオーディションを受けたのが、その前の年。当時は日本人が参加できるショーというのは限られていたんですが、ディズニーは毎年日本に来ていたので、まずは挑戦してみようと思ったんです。とはいえ、どうやって入ったらいいかもわからない。結局、公演会場に直接電話をかけて、オーディションをやってくれと言ってセットアップをして、その次の年から入らせてもらったというかたちです。

—— 迷いはありませんでしたか。

松浦 もう1年選手をやろうかとも思っていました。当時は、世界チャンピオンを教えていらして、もうおじいちゃんだったジェームズ・グローガン先生（1952年オスロ・オリンピック銅）のもとに習いに行ったりもしていたんですね。先生の奥さまが日本人だったこともあって、先生が岡山まで遊びに来てくださったときに、ちょうどディズニーからオファーが来たんです。自分はもう1年選手をやるつもりで新しいプログラムも作っていたんですが、先生に相談したら「たとえばここで1年がんばって、あなたが全日本チャンピンになったとしても何も変わらないよ。若いときの1年で学べることは多いからショーの世界へ行きなさい」とプッシュしてくれたんです。それで迷うことなくポンッと出ていけました。

—— その後はディズニー・オン・アイス初の日本人プリンシパルになられました。

松浦 会社に入るときには最初からプリンシパルになることはないと言われていたんですが、運よく最初からピノキオのプリンシパルになれました。その後1年、アメリカの東海岸をツアーして、ようやくおじいちゃん先生の住んでいる西海岸へ回る、「ショーに出て、1年でこんなになったよ」というのを見せられると思ったら、その直前に亡くなられてしまったんです。そのときに、人の縁や、自分の運命みたいなものを感じました。あそこで背中を押してもらえたんだから、自分はこの道でがんばっていこうと思っていまもずっと続けています。

—— 今回の日本ツアーは「100 Years of Wonder」です。

松浦 自分が初めて出たショーが「75 Years of Magic」で、75周年から始まって100周年に携われるのは本当に感慨深いです。このショー自体はいろんなキャラクターが出てきて、スクリーンやサーカスアクトが一緒になって立体的な総合エンターテインメントとして楽しんでいただけるんじゃないかと思います。ディズニー・オン・アイスは、ディズニーランドから遠い地域の子たちにも自分たちが会いに行って、ディズニーの楽しさを持っていける。それは大きな魅力の1つで、価値であると思うんです。ディズニーのエンターテインメント性を、実際にその目で確かめてほしいなと思います。

—— ショースケーターとして信条になさっていることを教えてください。

松浦 「ここにいる限りは、自分には役割がある」と思っているんです。100人いて1人でもポジティブなエネルギーを受け取ってくれる人がいる限りは氷に立ち続けたいなと思っているし、いまここにいるということはまだその役割が自分にあるんだと思う。あとは、好きなことができていることに、毎日感謝しかないですね。

—— 素敵なお話をありがとうございました。

（2023年7月14日、東京公演中に取材）
取材・文：編集部 Text by World Figure Skating

Disney ON ICE

まるで自分の人生のような
ロードトリップショー

マリア・スター
Maria Starr

アメリカ・ミネソタ州出身。6歳でスケートを始める。2010年、17歳のときにディズニー・オン・アイスへ参加、2012年よりプリンシパルを務める。お気に入りのディズニーキャラクターはポカホンタス。

© World Figure Skating/Shinshokan

―― スケートとの出会いを伺えますか。

スター　私はミネソタ出身なのですが、ミネソタは1万の湖がある場所と言われていて、私の家のすぐ裏にも湖がありました。冬になるとそこが凍って滑れるようになるので、小さいころはそこでスケートをしていました。レッスンに通うようになったのは6歳のときです。2人の妹はあまり興味を示さなかったんですが（笑）、私は美しいスポーツであるところにとても心惹かれました。

―― 競技会にも参加を？

スター　全米選手権には出場したことがないけれど、試合にも出ていましたよ。私の場合、スパイラルシークエンスをやるときはいい得点が出ていたんです。いつもプログラムコンポーネンツのほうが技術点よりも高かったので、自分でもジャンプの練習よりも振付の練習に気を配っていました。ジャンプやスピンのエレメンツももちろん好きだったけど、いちばんはお客さんの目に自分の演技がどう映るかを気にして練習していた。自分はパフォーマンスをすることが好きなんだと、そのころからなんとなく気がついていました。

―― どんな選手に憧れていましたか。

スター　サーシャ・コーエンの滑りが大好きでした。彼女への憧れで滑っていたので、テレビを見るときはスプリッツをしながら見たり、とにかくできるだけ自分の足を頭の上にもっていこうとしていました。（笑）その成果は、いまショーで見ていただけると思います。

―― そこから、ディズニー・オン・アイスに参加したいと思ったきっかけは？

スター　当時から夏のあいだは、ショースケーターもたくさん練習しに来るアイダホ州サン・バレーにあるリンクへ行っていたんですが、そこで「どうしてショーに出ないの？　絶対ショーに向いてるよ」と言ってもらったことがきっかけでした。それで、ビデオや履歴書を作って、キャスティングディレクターへ送ったのが16歳のとき。その後、ついにディズニー・オン・アイスからオファーが来たので、2010年から、コロナ禍の1年を除いて、ショーに出演しています。前回初めて日本ツアーに参加したときはベル役で、ここ6年ほどはエルサを主に演じています。

―― エルサはどんなふうに演じていますか。

スター　彼女はドラマティックな人。ハードな子ども時代を過ごしているせいもあると思います。でも自由になれたら、ありのままの自分を受け入れて、幸せそうに過ごす。だから、バレエ的な柔らかさと力強さをミックスするように心がけています。ただ優しいだけでもないし、ただ強いだけでもない。両方を同時に感じてもらえるように演じています。ショーに立つときはつねに、今回初めてディズニー・オン・アイスを見るお客さまもいるかもしれないと心がけて、自分のなかからマリアを完全に追い出し、キャラクターに100％どっぷりつかる。キャラクターとしてその場にいることを大切にしています。

―― 今回の「100 Years of Wonder」の見どころを教えてください。

スター　私はこのショーが大好きなんです。ミッキーたちとロードトリップに出るというショーですが、まさに私たちは毎週旅を続けているので、まるで自分たちの人生のように感じています。ディズニーのそれぞれの世界へ連れて行ってくれるんだけど、スケートだけじゃなくて、空だって飛んでいく。スクリーンや照明の効果も合わさって、いままでに体験したことのない新しい旅を楽しんでいただけると思います。

―― 最後に、アイスショーの世界を夢見る子どもたちへメッセージをいただけますか。

スター　大丈夫、夢は叶うよ！　ジャンプやスピンを一生懸命練習することはもちろん、恥ずかしがらずに自分の心を開いてスケートをしてほしいです。それから、自分の得意なトリックを見つけてみて。スプレッドイーグルが得意な人もいれば、バタフライやスパイラルが美しい人もいる。人と同じでなくていい。あなただけの特別な個性を見つけてみてほしいです。

―― 本日はありがとうございました。

（2023年7月14日、東京公演中に取材）
取材・文：編集部 Text by World Figure Skating

柔軟性を生かしながらしなやかに強いエルサを演じる ©Disney

© Yazuka Wada

INTERVIEW

バズ・ラーマン

映画監督

名作となるミュージカル
心をつかむ歌の力

　現在、帝国劇場で絶賛上演中の『ムーラン・ルージュ！ザ・ミュージカル』。ご存じのとおり、フィギュアスケートのプログラムの音楽としても絶大な人気を誇る映画『ムーラン・ルージュ』をもとにしたミュージカルで、世界各国で上演され、ついに6月24日に日本版が開幕しました。プレビュー公演には映画を手がけたバズ・ラーマン監督が来日。『ロミオ＋ジュリエット』『華麗なるギャツビー』『エルヴィス』などで知られる監督に、本作や音楽の魅力について聞きました。

日本版プロダクションで感じた
大きな驚き

　―― 監督の映画をもとにした『ムーラン・ルージュ！ザ・ミュージカル』が世界中を旅して、いま日本にやってきたわけですけれども、どんなふうに受け止めていらっしゃいますか。

ラーマン　「ミュージカルはすごく楽しいね」って言われることが多いけど、作る作業っていうのはものすごく大変なんです。ミュージカルを成功させるのは至難の業であって、コメディをやっていたほうが無難です。ミュージカルは、演劇的要素がすべてあったうえに、音楽が乗っかるわけですから、とても複雑。ブロードウェイでも毎年新しいミュージカルが生まれるけど、そのほとんどが失敗に終わる。でもうまくいった作品は、ずーっと残るんです。たとえば、いまこの瞬間にも、世界中の誰かが「サウンド・オブ・ミュージック」を歌っているでしょう。どこかで公演が行われているでしょ

う。学校の授業だったり、学園祭だったり、どこかでやっている。このように息が長いというのは、たぶんミュージカルとは別に、歌自体が人気が出て有名になり、人々の心をつかんでいるということ。そうして、人々が歌えば、ミュージカルもまた思い出されるんです。

　―― 実際に、日本版プロダクションをご覧になっていかがですか。

ラーマン　まず、お客さんが入った時のパフォーマンスを見て、とにかく驚いたんです。日本の観客は静かだと、いままでの体験ではつねにそう思っていました。ところが、プレビュー初日、全員がものすごい拍手を送るし、歌の間ずっと手拍子をしているんです。ロックコンサートのように声を出すお客さんもいた。それがものすごくぼくには驚きでした。

「ムーラン・ルージュ！ザ・ミュージカル」左から、上川一哉（トゥールーズ＝ロートレック役）、井上芳雄（クリスチャン役）、中井智彦（サンティアゴ役）　写真提供／東宝演劇部

左から、上野哲也（トゥールーズ＝ロートレック役）、甲斐翔真（クリスチャン役）、中河内雅貴（サンティアゴ役）　写真提供／東宝演劇部

　それからいちばん私が感じたのは、悲劇性の高さ。切なさや哀しみ、悲劇の物語がものすごく胸に響きました。『ムーラン・ルージュ』と言えば、派手な歌や踊りといったカラフルな華やかさが印象的ですが、じつは最後は本当に悲しいわけですよね。俳優たちも、そして観客も悲劇の部分により反応するんだと思う。これは愛を失うこと、悲劇に美しさを感じるといった、日本の古典的な演劇などの文化的な背景があって、悲劇的な愛に反応が強いのだと感じました。

　── 『ムーラン・ルージュ』はもちろん、監督の映画は、いつも壮大な世界観が魅力的だと思うのですが、映画になる前、監督の頭の中にしかないときは、その大きさはどんなふうに感じているのですか。

　ラーマン　最終的には大きくなるんだけど、シェイクスピアを現代風にやれば、それはシンプルなものだと思うんです。最初は、スケールはいつももっと小さいものを作るつもりで始めます。

　── 結果的に大きくなる？

　ラーマン　はい！

物語を推し進める音楽の役割

　── 音楽がキャラクターのエモーションを表現するとともに、物語をどんどん前に進める役割をもたせていて、音楽に多くのファンクションを与えていますが、ご自身ではどんなところに気をつけていらっしゃいますか。

　ラーマン　音楽なしのドラマもやっているけど、ストーリーをもっともっと進めさせるために使う音楽というのは、2つの仕事をしているんです。音楽は、言葉だけではやりきれない感情を増幅させる役割もある。言葉だけでは、ある程度までしかできない。

　── 『ムーラン・ルージュ』も、たとえば、『ラ・ボエーム』や『椿姫』などのオペラ作品を思い起こさせますが、パフォーミング・アーツからインスピレーションを得ることはありますか？

　ラーマン　ぼくはもともと芸術としては、オペラから入っているんです。21年前に『ムーラン・ルージュ』をやったころ、ミュージカル映画はほとんどジョークというか、なくなっていた。当時はかっこ悪いとされていたジャンルでした。いまは若い世代がミュージカルはかっこいいと思っている。21年前は、本当にみんなから無視されているジャンルでした。ぼくはちょっと育ち方が特殊なので、同じ世代の人と全然感性が違ったかもしれない。

　── どう違ったのでしょうか。その感性はどうして育ったのでしょうか。

　ラーマン　私は家が11軒しかない小さな町で育ったんです。テレビは一応あったけど、チャンネルは1つ。隣町に映画館があって、古い映画がかかっていました。1つのチャンネル、1つの映画館で育ったんです。普通の人が70年代の作品を見ていたときに、もっと古い作品を見ていました。40～50年代の映画の特徴というと、非常に演劇的なミュージカルが多かった。ミュージカル映画の黄金時代と言われていた時代です。

　── フレッド・アステア、ジーン・ケリーなどが活躍していたころですね。

　ラーマン　そのとおり。マーロン・ブランドはドラマティックな俳優として有名だけど、『ガイズ＆ドールズ』といったミュージカルも彼はやったことがあるんだよ。

フィギュアスケーターが魅了される音楽

　── フィギュアスケートのプログラムでは、映画『ムーラン・ルージュ』からの音楽がたくさん使われています。とくに「ロクサーヌのタンゴ」はアイコニックな音楽になっているんですけれども。

　ラーマン　アルバムからの音楽を使用していると思うんだけれども、真ん中でちょっとゆっくりになって、最後にクレイジーで大きくなる部分がある。かなりオペラに近い構成になっています。いくつものヴァージョンが出ていて、ダイ

望海風斗（サティーン役）　写真提供／東宝演劇部

平原綾香（サティーン役）　写真提供／東宝演劇部

左から、中井智彦（サンティアゴ役）、望海風斗（サティーン役）、上川一哉（トゥールーズ＝ロートレック役）、井上芳雄（クリスチャン役）、橋本さとし（ハロルド・ジドラー役）、伊礼彼方（モンロス公爵役）　写真提供／東宝演劇部

左から、中河内雅貴（サンティアゴ役）、平原綾香（サティーン役）、上野哲也（トゥールーズ＝ロートレック役）、甲斐翔真（クリスチャン役）、松村雄基（ハロルド・ジドラー役）、K（モンロス公爵役）　写真提供／東宝演劇部

スケ・タカハシ（高橋大輔）などシングルの人も使っているけど、オリンピック（2018年平昌）でカナダのカップル、テッサ（・ヴァーチュー）とスコット（・モイア）も滑っていましたね。主人公が愛する者に去っていかれて、非常に痛みを感じて苦しんでいる。また怒りもあるし、暴力的で混乱もある。それらの解釈がきちんとしているなと感じました。

―― 監督の映画の音楽が本当にたくさんプログラムに使われています。

ラーマン　素晴らしいことです。『エルヴィス』の音楽はまだ使われていないと思うけど、もともと私の映画の音楽が使われているというので、フィギュアスケートを見始めたんですよ。『ダンシング・ヒーロー』というのが、ぼくの最初の映画だけど、ダンスとフィギュアスケートは非常に関係性がある。俳優のような感情が出ている演技は最高です。じつは、私はスーパースターである、日本人のフィギュアスケーターの大ファンなんですよ。ユヅル（羽生結弦）は本当に素晴らしい。だからフォローしています。スーパースターで、ポップスターで、アクターで、そしてスケーターなんです。私の映画の音楽（『ロミオ＋ジュリエット』）も使ってくれているんです。

―― 監督から、スケーターたちへの音楽表現のアドバイスなどはありませんか。

ラーマン　スケーターたちは、もうすでに素晴らしいですから。とくに、ユヅルのレベルはものすごく高いと思っています。技術的にも素晴らしいけれど、ストーリーを語るというところが大事です。本当にキャラクターを演じているという感じで、とても感動できます。彼は本当にスターだと思う。スターになれるのは一握りなんです。たぶん彼は自分でそのパフォーマンスを生きているんですね。ただ技術が高いだけだったら、そこまでの魅力はないけど、完全にキャラクターになって気持ちが入っているから、あれだけ魅力的なんです。ぼくの映画で起用したいくらいだよ。（笑）

―― 監督自身は滑りますか？

ラーマン　ノー。子どものころ、ちょっと滑ったくらいです。ユヅルくんにはなれない。（笑）

―― では最後に、この時代に、劇場に来て体験する意味について、どのように思われますか。

ラーマン　パンデミックがあって、生の舞台に触れることがなかなかできませんでした。暗いところで見て、ともに笑い、ともに泣き、そして音楽を体験する。それがいかに大事かを感じています。パンデミックの間に、映画は観ることができたと思うんです。ストリーミングもね。生で舞台を観るということは、1人じゃないということを思い出させてくれる。コロナの間は、そういういうものがすべてなくなってしまっていたんですね。とくにコロナの後だからかもしれな

いですけど、日本の観客のみなさんの感情が高まると、俳優たちもそれを感じて、また逆に高め合うというか同じ気持ちを共有できる。

―― 劇場では、たくさんのみなさんがそういった思いを共有できると思います。

ラーマン　ぼくもそう願っています。プレビュー公演でのことですけど、カーテンコールがあって、ショーが終わり、エンディングの音楽がかかっているんですが、観客のみなさんが誰も出ていかないんです。初めて見ました。すごく素晴らしい光景でした。

―― ありがとうございました。

（2023年6月下旬に取材）

取材・文：編集部　Text by World Figure Skating

公演情報
『ムーラン・ルージュ！ザ・ミュージカル』
8月31日（木）まで帝国劇場で上演。
【出演】＊五十音順、Wキャスト
サティーン：望海風斗、平原綾香
クリスチャン：井上芳雄、甲斐翔真
ハロルド・ジドラー：橋本さとし、松村雄基
トゥールーズ＝ロートレック：上野哲也、上川一哉
デューク（モンロス公爵）：伊礼彼方、K
サンティアゴ：中井智彦、中河内雅貴
ニニ：加賀楓、藤森蓮華
ほか
【問い合わせ】東宝テレザーブ　03-3201-7777
公式サイト
https://www.tohostage.com/moulinmusical_japan

左から、井上芳雄（クリスチャン役）、望海風斗（サティーン役）　写真提供／東宝演劇部

左から、平原綾香（サティーン役）、甲斐翔真（クリスチャン役）　写真提供／東宝演劇部

Koshiro Shimada

島田高志郎が誘う「ワンピース」の世界

人が涙するほどの感動がいくつもある

©Manabu Takahashi

国民的アニメ初のアイスショー化「ワンピース・オン・アイス」に、主人公ルフィが率いる海賊"麦わらの一味"のサンジ役で出演する島田高志郎選手。幼いころから踊り心あふれる演技で注目され、昨シーズンは全日本選手権で2位に入り初の表彰台に上がるなど、競技シーンで力を示すいっぽう、アイスショーの舞台では洗練されたアーティスティックな演技で観客を楽しませ、存在感は年々ますばかり。スケート界きっての「ワンピース」ファンでもある島田選手に、今作の見どころやご自身の役作りについてたっぷり語ってもらいました。

読み味が変わる大作「ワンピース」

—— 本日は、もともと「ワンピース」の大ファンだという島田さんに、スケートファンの方々に向けて作品やショーの魅力をご紹介いただきたいと思っています。

島田　これ大事ですね。（笑）めちゃくちゃ大事だな！

—— "島田高志郎が誘う「ワンピース」の世界"ということで、ぜひお願いします！

島田　わかりました。（笑）いま「ワンピース」

の原作は106巻まで出ているので、初見の方はまずは1巻から手を伸ばしてみてください！「ワンピース」の物語は、前半はルフィの冒険にいちばん焦点が当てられていて、主人公のルフィが航海していくなかで生まれる1つ1つのストーリー、それこそ今回はアラバスタ編がショーになりますが、すべてが映画化や舞台化、アイスショーにもなりうる物語なんです。海賊なのでルフィの仲間たちは"麦わらの一味"と呼ばれるんですが、一味の出会いや成り立ち、それぞれのキャラクターのストーリーが散りばめられていて、そこから今度は一味が集結して生まれる物語がある。前半はルフィの行く末を見守りたいという気持ちで読んでいたんですけど、最近は一味の物語だけではなく、そもそも「ワンピース」の世界がどういった世界であるのか、なぜルフィはこういった運命になるんだろうかと、冒険を応援しつつ、作中の世の中の動きにも魅力を感じています。世界情勢が気になる漫画ってあんまりないと思うんですよね。それに、人が涙するほどの感動ってなかなか得ることが難しいと思うんですが、それがこの作品のなかにはいくつもあるということは言いたいです！

—— 何通りもの面白さや感動が体験できる作品なんですね。今回アイスショーになるアラバスタ編は、砂漠の王国アラバスタの危機に麦わらの一味が立ち上がるというストーリーですが、見どころはどんなところでしょうか。

島田　まず、1つの作品のなかに、王国がどうにかなってしまうのではないかという壮大なストーリーが組み込まれていること自体が、大きな魅力と言えると思います。麦わらの一味は、言ってしまえば、王国の外から来た部外者。麦わらの一味が来たことで、王国がどう変わるのかが注目です。それから、アラバスタの王女ビビですね。王女という立場でありながら、悩みに悩んで、ルフィと麦わらの一味の力を借りて困難に立ち向かう姿は、アラバスタ編で印象に残るところだと思います。あとは仲間意識。これはネタバレになっちゃうところではあるんですけど……ビビは最終的には船に乗らないという選択をします。それでも麦わらの一味の仲間である——作品でも屈指の名シーンだと思いますし、何度見ても泣けてしまう。魅力を言葉にし出したらまとまらないですね。（笑）

—— 一緒にいるだけが仲間じゃない、離れて

最初にフロアのレッスンが行われ、台本を確認しながら動きの流れや芝居の演出をつけてから氷上に持っていく。バトルシーンのアクションやコミカルなシーンも演出指導や鏡で確認しつつキャラの動きをつくっていく
Photos ©Manabu Takahashi

いても仲間だ、と？

島田 ストーリーの流れ上、このキャラは仲間になるんじゃないかというところで、「離れていても仲間だ」というかたちが初めて示されたのはあそこです。それから、アラバスタ編が始まるまでにちょっとずつ散りばめられていた策略が回収される場でもあり、後半の海がまた重要になってくるところでもあります。とにかく「ワンピース」のストーリーにおいてすごく重要なパートの1つがアラバスタ編なのかなと思います。

サンジは芯の強い男

―― そもそも島田さんが「ワンピース」と出会ったきっかけは？

島田 それがもう、覚えていないんです。気づいたらのめり込んでいて。（笑）なんかおもしろそう！ と思ったが最後、どっぷりのめりこんじゃっていまに至ります。

―― 今回、島田さんが演じるサンジは、麦わらの一味のコックで、戦闘時には足技のみで戦うというキャラクターです。島田さん自身はサンジをどんな人物だと感じていますか。

島田 これは、新世界編も読んでからサンジのキャラクターがやっとわかったところがあります。前半の海では、クールでレディにメロメロという感じですが、じつはサンジの素性はあまり知れなかった。でも、前半のなかでも東の海編で恩師であるオーナーゼフにしっかり感謝を伝えて、素晴らしい別れ方をする場面があって。ぼくはそこがトップ3に入るぐらい泣くシーンです。クールかつ熱い男で、頼りがいもある存在ですね。アラバスタ編に至るまでにもサンジは裏で大活躍していたので頼りになるじゃん！ って感じなんですよ。後半の新世界でも、ホールケーキアイランド編というストーリーではサンジの優しさがあって生まれてくるストーリーが多くあるので、本

当にいいやつなんだなと。口も悪いし、ゾロとバチバチやったりもしているんですけど。（笑）そのなかにある芯の強さこそがサンジの魅力だと思います。ここまでのストーリーをすべて見たからこそ演じられるサンジがあると思うので、そこは自分でも強く意識しています。

―― 先ほどリハーサルを拝見して、「サンジがいる！」とびっくりしました。

島田 本当ですか？

―― 所作や立ち居振る舞いはどのように役に近づけていますか。

島田 本当にアドバイスをいただきながら、ですね。「サンジだったらこうするだろう」はよく考えているんですが、どうしても大きく動きたくなっちゃうところがあるので、そこは抑えて動きをクールにしつつ、ただシュッと立っているときともメリハリをつけるようにしています。自分のイメージではサンジは明確になっているんですけど、動きで出ているのかどうかはちょっとまだわからないです。

―― すごく伝わってきました。

島田 うれしいです。（笑）首を前に出すとか、少し肩の角度をつける、股関節はちょっと前だなとか思ってはいるんですけど、ふとしたときに抜けちゃうのでずっとサンジを維持し続けることが課題だなと思います。ボン・クレーが踊っているときも、「おおー！」と思って見ちゃいますし。そこを、サンジだったらこうだなと一定のキャラクターでいきたいなと思います。

―― 外から見ていると、まるで役が降りてきているようでした。

島田 いざやっているときはたしかに何も考えていないですね。やる前はこうだな、こうしたほうがいいかなと思うんですが、いざ演じるとなったら考え事をしながらだと動きが遅れちゃったりもするので、それはジャンプを跳ぶときもそうで、その前に意識をして、あとはしっかり集中して自分のやることだけやる

という感じ。演じているときは、自分はサンジのつもりでいます。

―― 改めて、サンジを演じると聞いたときはどんなお気持ちでした？

島田 いやもう、「うわー！ "脚"か」と。（笑）いままでも合宿とかで「また脚伸びた？」みたいに他の選手の方からあいさつ代わりに言われていて。いままでは「全然……」と言っていたんですけど、いまでは「そうです、長いです」と受け入れています。（笑）それなら、サンジの足技をかっこよく決めてやろうと思って。最初はまず、驚きと、うれしさと、不安がありました。ワクワクももちろんあったんですが、けっこう不安が大きかった。アニメや原作ファンの方々の理想はすごく高いものだと思いますし、自分もファンとして理想が高いので、その期待を裏切らないようにがんばらないとなと思ったのが率直な感想です。

―― サンジのお気に入りのシーンは？

島田 いや～ピックアップしだしたらもう……東の海編でのバラティエの話はもうまず……。ファンの方のあいだでも言われていると思うんですが、サンジの泣く姿は胸に刺さるシーンがすごく多くて。男の涙という感じなので、そこはけっこう頭に残っちゃうのと、刑事くん……（笑）ゾロとの掛け合いがすごく好きですね。（編集部註：ゾロ役は田中刑事さん）あとは、小さな日常で見えるおバカなシーンがすごく好きです。

演じる以上に "人として成る" 演技を

―― すぐに新シーズンもやってきますが、冒険の夏を経て選手としてどんなシーズンにしたいと考えていますか。

島田 まずはこのオフにたくさんのショーに出させていただいていることがすごくうれしくて。ぼくはスケーターとしてショーに出ること

2001年9月11日、愛媛県生まれ。木下グループ所属。2022年GPイギリス大会4位、全日本選手権2位、2023年四大陸選手権11位。ノービス時代から海外のショーにも参加するなど、表現豊かな演技に定評があり、現在はステファン・ランビエルのもとで芸術性にいっそう磨きをかけている。

氷上ではさすがの踊りや滑りを見せ、クールな視線遣いや艶っぽい身のこなしがサンジを思わせる ©Manabu Takahashi

©Manabu Takahashi

サンジはクールかつ熱い男で頼りがいもある存在。
口も悪いし、ゾロとバチバチやったりもしているけど、
そのなかにある芯の強さこそがサンジの魅力。
ここまでのストーリーをすべて見た自分だからこそ
演じられるサンジがあると思う。

が何よりの目標でした。ノービスのころからスケートを続けてきて、ずっとショーに出られるようなスケーターになりたいなと思っていたんです。結果も出さないともちろんショーに呼んでいただけないですし、厳しい世界であることは重々承知しているので、これをまた来シーズンが終わってからも叶えることがいまのいちばんの目標です。シーズン内の目標もありますが、それはまた来年の夏にショーに呼んでいただけるようにがんばるということが根底的目標というか、自分のなかで強く願っていることです。アイスショーに出させていただきつつも、競技者としてのキャリアもすごく大事だと思っていますし、自分はジャンプが課題だと思っているので、そこの練習もしっかりしたい。試合は万全の状態で臨めることのほうが少ないと思うので、そのなかで合わせられる技術、メンタルを持ち合わせてシーズンを戦い抜きたいなと思います。

―― 競技会でももちろんですが、アイスショーでも年を追うごとにご活躍されています。いまご自身としてなりたいスケーター像に近づけているという手応えはありますか。

島田　なりたいスケーター像が明確かと言われると、理想は追い求め出したら果てしなく続いちゃっているので、明確ではないかもしれないですね。でも、そのなかでステファン・ランビエルコーチや周りのスケーターに感化されて、もっとうまくならなきゃ、もっと自分

の幅を広げたいなと思うなかで、自分がちょっとずつ成長できている実感はあります。さらに、競技者としてというよりも、スケートが大好きな1スケーターとして、その愛をもっと深めて、表現の幅を広げて、スケート人生を豊かなものにしたいなというのがいちばん心に持っていることです。

―― とくに昨シーズンは、競技者としても充実したシーズンを過ごされて、周囲の期待も大きくなっていると思います。

島田　ここからが大変だと思っています。いま日本男子はすごくレベルが高くなっているので、埋もれないようにしないと。ぼくはまだまだチャレンジャーで、ずっと追いかける立場。（宇野）昌磨くんや羽生（結弦）くん、それからステファンもそうだったと思うんですが、ずっと追いかけ続けられている人は本当にしんどいと思うんですね。まだまだ自分は楽な立場なので、のびのびやりたいなと思っています。

―― 「ワンピース・オン・アイス」での経験は、ご自身のスケートにどんな影響を与えてくれると思いますか。

島田　ぼくは表現という面を強い武器だと自分に言い聞かせながらやっていますが、「ワンピース・オン・アイス」は、アイスショーであり舞台でもあると思っていて。たとえば今回、振付指導の方がリハについてくださって、その動きを見ていると、「うわ、すげえ!」と感動するんです。ちょっと動くだけでキャラがパッ

と見えるくらい明確で、きれいで、キャラクターがある。そういうムーヴメントをされるので本当に感動しました。それがまだ自分にはないと感じますし、まだまだスケートと融合するにあたって難しい部分もあると思うんですけど、キャラになり切るという能力を身につけたら、成り代われる、"人として成る"という感じで、違った表現がまた生まれてくると思う。それはこれから先、自分が滑る側でも、たとえば教える側でも生きてくるものだと思うので、本当にありがたい経験をさせていただいているなと感じます。

―― では最後に改めて、「ワンピース・オン・アイス」へ向けて観客の方々へのメッセージをお願いいたします。

島田　まずは観に来てほしいです! みんなの知る物語をアイスショーで行うというのは初じゃないかと思います。ストーリー性があるショーはこれまでもあったと思いますが、より身近なアニメというかたちで、若い世代の方から、ずっと「ワンピース」を見ている方まで幅広い年代に知られる作品をアイスショーでやるのは、すごくレアなことだと思います。これからもあってほしいですけど……! なので、いま迷っている方は、ぜひ一度観てほしい! 1回触れてほしいです。

（2023年7月上旬に取材）
取材・文：編集部　Text by World Figure Skating

「ワンピース・オン・アイス」公演情報の詳細はP95をご確認ください。